JN046272

不動産屋だからわかる
トラブル回避術

ちょっと待った！
その不動産相続

相続コンサルタント
宅地建物取引士
志田 宏

目次

第一章　不動産相続、超基本のキ

第二章　不動産相続トラブル事例集

はじめに
～不動産会社社長、相続相談のプロになる～

不動産相続は避けて通れない道だった

山形県の片隅で不動産業を営む私のところに、「実家の売却の相談をしたい」という40代男性がやってきたのは7年ほど前のことでした。

話を聞くと、その方のご実家は亡くなったお父さんの名義となったまま、遺言書もないということでした。

その方には弟がいるものの、不仲で音信不通になっているとのこと。

しかし相続手続きのためには、遺産分割協議書を作成し、弟さんがその内容をご納得した上で押印いただくことは必須であるとお伝えしました。

しばらくして、なんとか弟さんに連絡はついたものの、結局承諾を得られなかったという報告がありました。

弟さんはご実家を売りたくなかったようです。

そこから連絡が途絶え、その後どうなったのか気になりつつも、私には今に至るまで知る由もありません。

これが、不動産屋である私も相続について知識を深めないといけない、と痛感した最初の出来事でした。

――親が亡くなった後、実家や土地をどうするのがベストなのか?

これは、誰の身の上にも降りかかる可能性が高く、不動産屋とは切っても切り離せない問題なのです。

『相続相談』の専門家になる

そして今、私は「相続相談の専門家」として活動しております。

「相談」の専門家というと妙な感じがするかもしれません。

相続とは、多くの要素が複雑に絡み合っている厄介なものです。

法律問題は弁護士、税金に関しては税理士、遺言書作成などは司法書士、その他にも保険の知識がある人間など、さまざまなジャンルの専門家の力を借りなければ、相続問題は解決できません。

私が現在加盟している『繋ぐ相続サロン』という全国組織があります。ここでは、前述のようなプロ集団が「プロジェクトチーム」を結成し、相続の問題解決をするために日々尽力しています。

私もまた、ここの代表である松本恵さんの次のような想いに共感して、日々勉強しながら相続問題を解決すべく活動しています。

「私たちは、心置きなく生ききる人生のプロデューサーです」

最初の相談から、生きやすい未来までトータルサポートを目指しています。

旅立つ方は、【ありがとう】を残し

見送られる方も、【ありがとう】の感謝を贈る

そんな長きに渡ってのサポートを私たちは提供しています。

（『繋ぐ相続サロン』公式サイト https://tsunagu-souzokusalon.com/ より転載）

ここで、相続に関するさまざまな悩みを抱えた人の入り口となるのが私のような相談役です。

相続のどういった点で悩んでいるのか、そして何を大事に生きてきてご自身の死後に何を遺したいのか。そういったことをヒアリングし、法律や税金など各ジャンルのプロへと繋ぐ、「相談」のプロなのです。

相続の問題は、相続税や土地の売却など目に見えて分かる、顕在化されているものだけではありません。むしろ、ご本人の胸の奥底にある潜在化された「想い」こそが相続の要です。

その想いを引き出し、どういった方法で叶えていくのかの道筋を具現化させるのが私の役目だと考えています。

創業の想い

さて、ここまで相続相談のプロとしての話をさせていただきましたが、私はこれまで不動産業に従事して参りました。

私のことをもう少し知っていただくために、恐縮ですがここで少し時間を巻き戻し、我が社の創業の経緯をお話しさせてください。

我が社の始まりは、昭和53年、父・宏文が山形県・寒河江市六供町の自宅及び借地で起こした材木業でした。

宏文は山形県・西川町大井沢の田舎育ち、その日暮らしの貧しい家庭で、7人兄弟の末っ子として姉6人から可愛がられて育てられました。

中学を卒業後は「炭焼き」をしながら冬になると関東に出稼ぎへ。

華やかな都会で、育った環境との違いに戸惑いながらも必死に働くしかなかったと話していたことを覚えています。

「貧乏から抜け出す」

……そんなことを考える余裕すらなく、ひたすら働く日々だったそうです。

しかし貧しくても笑顔で暮らす家族を想いながらその日その日を頑張り抜きました。

そうして、時は流れ、平成3年。

息子である私は23歳になり、「どんな小さな仕事でも良いから家族が笑って暮らせればいい」との想いで、家業だった木材業との兼業として事業を興したのが不動産業だったのです。

父に繰り返しいい聞かされた「いいカッコするな!」。

この言葉は私の中に生き続け、「絶対、身内、そして世の中に迷惑をかけない」の強い意志を持ち、「質実・倹約」に重きを置いて、カッコつけず、等身大の自分のまま誠実な経営を貫こうと決意しました。

そして「人々が笑顔で暮らす不動産をご提供する」、その想いで木材業から不動産業への変遷を辿ったのです。

そこから更に時を経て平成16年、「住まい」と「ルーム」と「スマイル」の3

つから命名した現在の『住まいるーむ情報館』となりました。

人生を支え、より良くする支援者になりたい！

私は現在54歳。不動産業、住宅資材販売そして相続相談の三本柱で仕事をしています。

ここへ来て、私の人生における使命が見つかったのです。

「人生のターニングポイントで最大の支援者になる」

これこそが自分がやるべきことであり、天啓を受けたような気持ちでいます。

不動産（家や土地）の売買も、相続も、人生を左右する存在です。

どちらも、人生の転機（ターニングポイント）に起きることであり、いい換えればトラブルが起きやすいことでもあります。

だからこそ、私は自分にできる精一杯の努力で、その方の人生をより良くするための支援をしたいと考えています。

繰り返しますが、私は法律のプロではありません。

ただ、冒頭に記したように、不動産業に携わる中で相続の問題というのは避けて通れませんでした。

資産家と呼ばれる人の周りには、税理士や弁護士などいわゆる士業の方もたくさんいらっしゃいます。

それでも、そうした資産家の方々は多くの士業のプロの説明を受けても、何かが腑に落ちないのだ、という話をよく耳にします。

相続というと、そういったプロがまず口にする言葉は「相続税」「節税」。

「こうすると何千万円の節税になります」「このまま残しておいても、資産価値が下がるだけです」。

はたまた、「このお金を使って株を買うとお得です！」「このお金で保険に入って節税していきましょう！」などなど……。

皆、ひたすら財産にのみ焦点を当てて話をするわけです。

もちろん、それは悪いことではありません。

財産を守る、あるいは増やすためのプロでもあるわけですから、当然のことともいえます。

ですが、資産家ご本人は釈然としないというのです。

士業の方々と私たち『繋ぐ相続』チームの大きな違いは「財産の話は後回し」という点ではないかと思います。

ヒアリングで重視するのは、財産のことではありません。

「どういう人生を歩んでこられたのか?」

このことを最重要視しているのです。

場合によっては、持病や薬のことまで尋ね、またある時は、「相続をさせるお子さんは幼い頃どういう性格でしたか?」などとヒアリング。

そうして、その方の人生そのものを浮かび上がらせることで、「どういった相続を望むか?」という解を導き出すのです。

この本では、相続に関する細かな法律の説明や、いわゆる節税のための方法などは教えていません。

そちらに関しては、その道のプロによる立派な本がすでに世の中にたくさん存在していますので、私の出る幕はありません。

私は、この本の中で、これまで私が実際に相続の相談役として関わった事例や、相続の勉強をする中で見聞きした事例を通して、相続の落とし穴、準備不足が招く不幸、そしてそれを避けるためには何をしておくべきかを考えるヒントをお伝えできればと考えています。

私が考える、相続において重要なことは何よりも人の「想い」です。

親も子も、死後の不安なく満足して送り、送られる。

この本が、そんな相続の一助になれば幸いです。

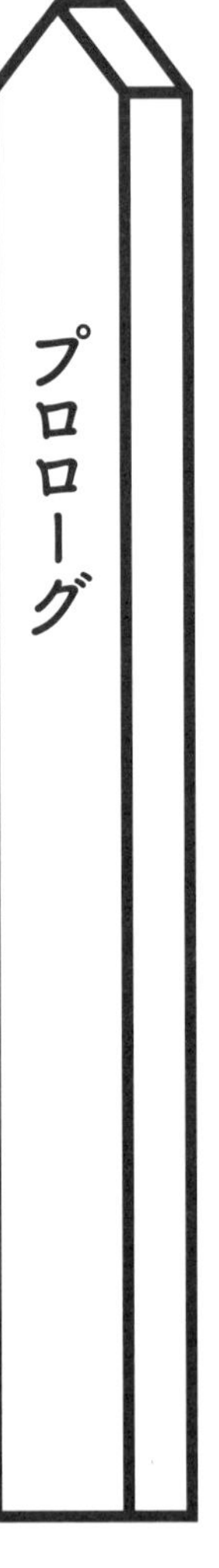

プロローグ

こんにちは……。

はい、いらっしゃいませ！

あの……不動産の相続のことで、困っていまして……。一人暮らしをしている80代の母を、古い一戸建てからバリアフリーのマンションに引っ越しをさせたんです。そのあとの、空き家になった実家のことで悩んでいて。

売るか、貸すか、更地にして別のものを建てるのか……いろいろ選択肢がありますね。

はい。それで悩んでいたところ、こちらの志田さんは不動産の相続に関しても詳しく、親身に相談に乗ってくださると聞いて伺いました。

そうですか、ありがとうございます。これまで相続については何かお考えになったことはありますか？

正直、面倒で考えてきませんでした。兄弟仲は悪くないし、両親もああしろこうしろっ

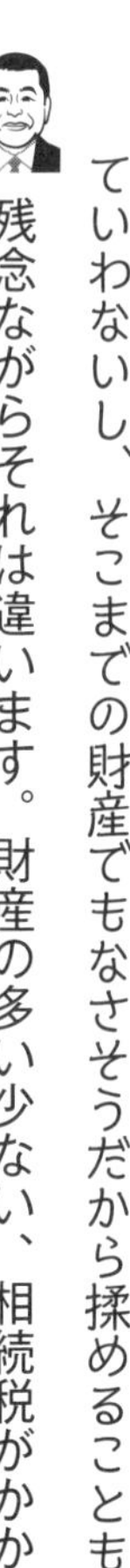

ていわないし、そこまでの財産でもなさそうだから揉めることもないかな？　って。

残念ながらそれは違います。財産の多い少ない、相続税がかかる・かからない、兄弟が不仲ということだけが相続で揉める原因なわけではないんですよ。

ええ、どういうことですか？

相続で揉めないために大切なのは、ズバリ準備です！　相続というのはしっかりと準備しておかないと、思いがけないトラブルになってしまう可能性があるものです。

怖い……！

正しい知識を持って、誠実に対応する心構えさえあれば、そんなに怯える必要はありませんよ。

といっても、今、何も知識がないんです！　基本のキから教えてください！

はい、相続というとどうしてもお金やモノにフィーチャーしがちですが、優先すべきは「相続する側・させる側両方がどうしたいのか」という心の問題です。一緒に勉強していきましょう！

※本書の事例はすべて、個人情報に配慮し、一部変更を加えております。
また、実際の相続に際しての疑問は、弁護士・税理士・行政書士等に必ずお問い合わせ下さい。

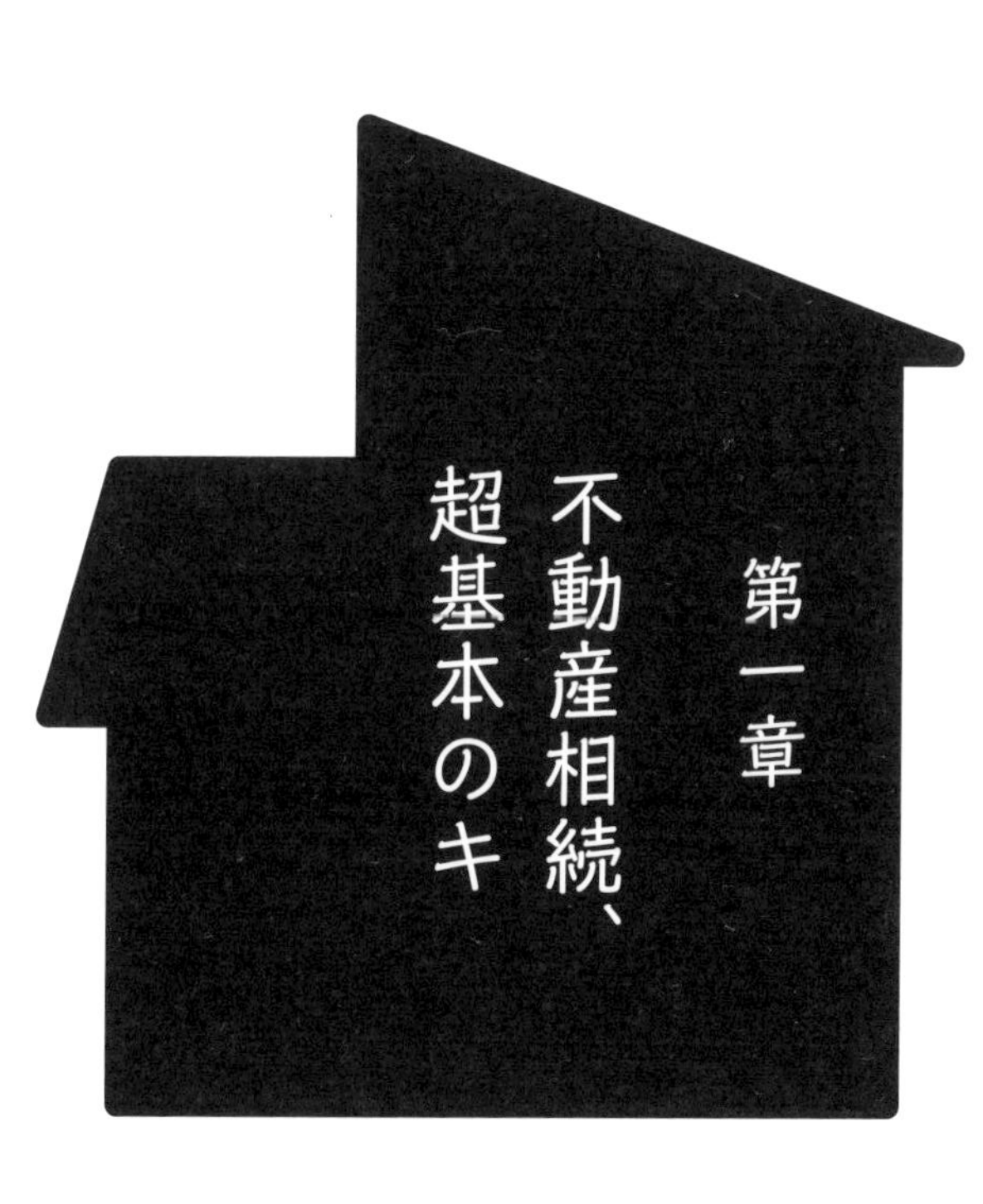

第一章
不動産相続、超基本のキ

不動産の相続、動産の相続、どう違う？

まず、超基本的なことで恐縮なのですが、不動産とはどういうもののことですか？

『不動産』とは、土地や土地に定着しているもののことです。動かせない財産という意味ですね。

反対に、『動産』というと、室内の中にある財産（現金や品物）と考えてもらえれば良いかと思います。

不動産の相続も現金や証券などの動産と同様のルールで行われていますが、動産よりも複雑です。

なぜ不動産の相続は揉めやすいのでしょう？

理由としては、やはりその分けにくさが挙げられますね。

現金のように数字できっちり分けるということが難しいので、権利という形で相続するのが一般的です。

確かに、家を半分に割って分け合うなんてできないですもんね。

そうなんです。

その上、不動産の場合、兄弟の一人は売りたいけれどもう一人は売りたくないなど、対立を生みやすいこともあります。

だからこそ、持ち主の方の生前になるべく早めに、きちんと意思を確認して準備しておく必要があるんですよ！

民法で定められた相続のルール——法定相続人と法定相続分

相続って、亡くなった人の財産を受け継ぐわけですよね。相続する人っていうのも法律で明確に決まってるんですよね？

そうです。相続する人＝相続人は、遺言書で指定した人か、あるいは民法で定められた法定相続人として最初に相続権を取得する形ですね。

遺言書で指定されるか、法定相続人かどちらかでなければ相続はできないんですね。

基本的にはそうです。

また、誰にどういう配分かというのも、民法できっちり決められています。

次の図は相続人と相続分をまとめたものになります。

法定相続人と法定相続分

相続順位	法定相続人	法定相続分	
第一順位	配偶者と子	配偶者	子
		1/2	**1/2**
第二順位	配偶者と直系尊属(親)	配偶者	親
		2/3	**1/3**
第三順位	配偶者と兄弟姉妹	配偶者	兄弟姉妹
		3/4	**1/4**

相続の順位としては、まずは配偶者と子供、子供がいない場合は配偶者と兄弟姉妹です。

配偶者は必ず法定相続人になるんですね。

はい。配偶者は配分も高いです。配偶者と子供は等分、子供がいなければ両親や祖父母などの※1直系尊属、そして、両親がいなければ兄弟姉妹に、という形ですね。

さっきのお話だと、遺言書で指定すれば、法定ではない人、つまり配偶者や親子、兄弟などではない人に財産をあげることができるんですよね。

はい、法定相続人以外の場合は「相続」ではなく、「※2贈与」という扱いになりますが、財産を相続人以外が受け取ることは可能です。

ドラマなどでたまに見かける、「愛人に財産のすべてを渡す」みたいなこともできるんですね！

そうです。できますね。

遺言書さえ作っておけば、法定相続の決まりは無視して思い通りにできるっていうことですか？

※1
父母、祖父母、被祖父母など直接の祖先のこと。

※2
無償で財産を与えること。財産をもらった受贈者には、贈与税が課税される。

うーん、完全に思い通りにできるかというとそうではありませんね。正確には「法定相続人にあたる配偶者・子供・孫・直系尊属がそれを承諾すればできる」という答えになります。

遺言書よりも強い⁉『遺留分侵害額請求』

というと？

遺留分侵害額請求といって、簡単にいうと、遺言書に書かれていなくても、法定相続人にあたる配偶者・子・孫・直系尊属には法定相続分の半分を請求する権利があるからです。法定相続人であっても、兄弟姉妹にはこの権利はありません。

例えば、被相続人の妻が法定相続分の場合には、1億円もらう計算になるのであれば、遺言書にどのように書かれていたとしても、本人が望めば2分の1の5千万円は請求できるということですね。

請求された場合、突っぱねることはできないんですか？

そうですね。そこは、民法で定められているので、請求されたら支払うしかないと思ってください。

ちなみに、遺留分侵害額請求は弁護士に依頼しなければなりません。

そうなんですね。確かに、その権利を行使される可能性を考えると「すべて」を法定相続人以外に「必ず」渡せるとは言い切れない。法定相続人って相続において強い存在なんですね。

そうですね。ただし、決して「何がなんでも遺言書通りにしなければいけない！」ということではなく、相続人全員が合意していれば、遺言書の内容以外で相続の方法を決めることも可能です。

また、この遺留分侵害額請求は、自分が相続人であると判明してから1年以内であれば請求することができます。

請求された分の支払いは、基本は金銭しか認められません。

父親に隠し子などがいて、この請求をされると、相続人にとって大変な負担になることもあります。

でも、逆の面から見ると、例えば親からの相続の額に不公平があったりして内容に納得がいかない時も、法定相続分の半分は堂々と請求できるってことですね！

はい、そうなります。

ただ、遺留分侵害額請求を行うということは、遺言書を書いた親御さんの意向を無視することでもありますし、高確率で兄弟仲は悪くなります。そこの覚悟は必要ですね。

そのあたりが相続トラブルの原因になるんですね。少しずつ分かってきた気がします。遺言書も万能ではないんだ……。

そうです。ただ、遺言書がなければ、故人がどんなに生前望んでいたとしても、法定にのっとった形や、相続人同士で話し合って決めた内容の相続にしかなりません。

ですので、法定相続人・法定相続分に沿わない相続を望む場合は、しっかりと遺言書を作成しておく必要があります。

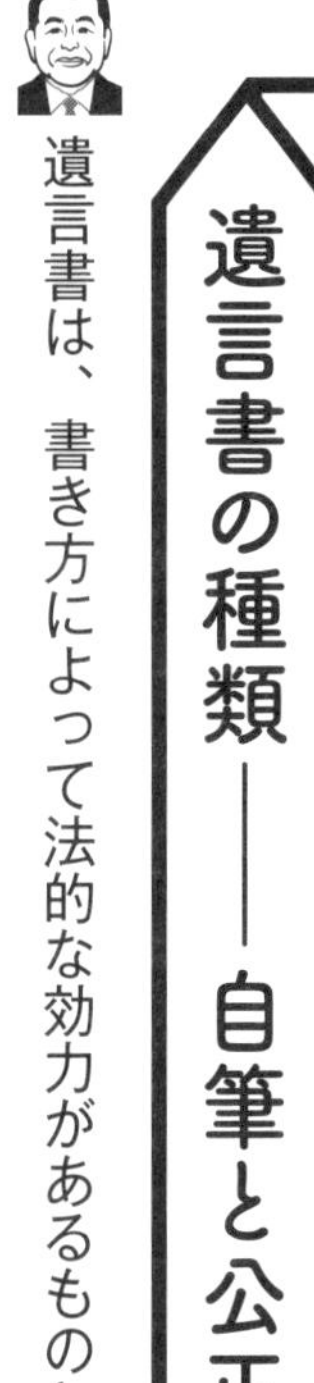

遺言書の種類――自筆と公正証書

遺言書は、書き方によって法的な効力があるものとないものがあります。法的に認められないということは、裁判になった時に無効となる可能性が高いということです。

ですが、法的な効力がなくても、すべての相続人が読んで、理解、承諾できる内容であれば全く問題ありません。

相続人さえ納得していればトラブルはないですもんね。

そういうことです。法的に有効でなくても、遺言書というのは相続において何よりも大事なものといっても過言ではないですね。

遺言書って何か決まったフォーマットがあるんでしょうか？

特にフォーマットはありませんが、前述のように、書き方によっては法的に認められない場合があります。

正しく伝わらないとせっかく遺言書を書いた意味がなくなってしまうので、

必ず法律の専門家に相談して下さい。

まず、遺言書を作るにあたり知っておきたいこととして、大まかに分けて①自筆証書遺言、②公正証書遺言の2種類があります。

名前からして、自筆証書遺言のほうが、自分一人で書くことのできるものですね！

そうです。

ここで、まずはそれぞれの特徴を見てみましょう。

①自筆証書遺言

……自筆で書いた遺言書。遺言者が全文自筆で書き、押印する。

不動産に関する詳細情報はパソコンでも作成可能、預金口座などは氏名が分かる部分のコピーでも可能。

保管は自宅の他、法務局でも可能。

法務局以外で保管していた場合、相続執行の際には家庭裁判所での[※1]検認が必要。

※1 相続人に対し、遺言の存在・その内容を知らせるとともに、遺言書の日付、署名など検認した日における遺言書の内容を明確にし、遺言書の偽造・変造を防止するための手続き。

②公正証書遺言

……遺言者が公証人と相談し、公証役場で証人立会いのもと作成。※1公証人、立会人への手数料などがかかる。

原本は公証役場で保管される他、※2正本と※3謄本が1部ずつ交付される。

相続執行の際に検認の必要なし。

自筆のほうが、自分だけで完結するので手間はかからなさそうですよね。

自分一人で書いて、自分の家に保管しておけばいいわけですよね？

書き方の重要ポイントさえ理解していればそうかもしれませんが、どうしても一人で書くと大事なところを見落としがちです。

一方、公正証書遺言は、しっかりとプロ（公証人）が書き方に不備がないかチェックしてくれます。この方法であれば、いざ遺言執行となった際に、トラブルの種になる可能性がグッと下がるといえます。

そんなに書き方のルールって厳しいんですか？

次に、遺言書の基本的なルールを見てみましょう。

※1
法務大臣が指定する所属法務局の管轄区域内に公証役場を設置して事務を行う。原則として、裁判官や検察官、弁護士として法律実務の経験豊かな人物の中から、法務大臣が任命している。

※2
原本と同じ効力を持つものとして交付される写し。公正証書遺言の正本を紛失した場合、公証役場に依頼すれば再発行が可能。

※3
正本同様に原本の写しだが、原本と同じ効力はない。内容を確認するために使用する。

遺言書に書かなければいけないこと——遺言書の基本ルール

遺言書に必須な項目は次のようになります。

①誰に（名前＋生年月日）

②何を（具体的かつ詳細に）

③どんな配分で相続させるか

④書き記した日付

⑤署名・押印（実印）

この5つに加えて、遺言書の内容に従って諸手続きを行う役目として「遺言執行者」を指定するとなお良いです。

はい、分かりました。思っていたより簡単そうですね。

そうなのですが、細かいところに注意しないと法的に無効になる場合があります。次ページの遺言書の例を見て下さい。

遺言書

遺言者　山田太郎は、次のとおり、遺言をする。

1．遺言者は、遺言者の有する下記の不動産を遺言者の妻　山田花子（昭和〇年〇月〇日生）に相続させる。

△△県●●市〇町〇丁目〇番地●号の自宅

2．遺言者は、銀行預金と株券を長男 山田一郎（昭和▲年▲月▲日生）と次男 山田次郎（昭和■年▲月□日生）に二分の一ずつ相続させる。

3．遺言執行者に次の者を指定する。

△△県□□市〇町〇丁目〇番地△号　　山田一郎

令和5年9月吉日

△△県●●市〇町〇丁目〇番地●号

遺言者　山田太郎

これは自筆遺言書として書かれたものですが、残念ながら、このままでは法的には無効になります。なぜか分かりますか？

えーっと、まず手書きじゃないです！　それに押印がない！　あとは……？

はい、その2点、正解です。あとは、日付もＮＧです。「吉日」などではなく、きちんと日付を入れなければいけません。

そして相続させる財産の書き方にも問題があります。

え？　不動産の所在地とか預金とかちゃんと書いてあるみたいですが……。

家や土地など不動産を含んでいる場合は、相続する不動産の詳細な情報が必要です。

土地であれば、「所在」「地番」「地目」「地積」、建物であれば「所在」「家屋番号」「種類」「構造」「床面積」、マンションであれば「敷地権の表示」など、※1登記簿謄本（登記事項証明書）と照らし合わせて、実際の住所や家屋番号を間違いのないように書く必要があるんです。

ええ、細かいんですね！　……ということは、もしかして他の財産ももっと具体的に書かないとダメですか？

※1　土地、家、マンションなどの不動産所有者の氏名・住所などを記載した書類。法務局で取得できる。登記事項証明書は、名称が異なるがどちらも証明内容は同じ。

はい、その通りです！
この遺言書のように「銀行預金」や「株式」といった大雑把な書き方ではなく、銀行名・支店名・口座番号、株式であれば証券会社名・支店名・どこの会社のどういった種類の株であるのか、その数など、相続人が間違えたり悩んだりする余地がないように書かなければいけません。

あ、そしたら、銀行預金のところには預金残高も書くべきですよね？

いいえ、それは書くべきではないですね。なぜなら、遺言書を作成した時から遺言執行までの間に変動する可能性がありますから。

そうか、確かに。そうすると、遺言書の内容と齟齬が出てしまいますね。

そうです。その差額分をどうするか、遺産分割協議が必要になる可能性があるんです。

わぁ、それは確かに手間ですね。

なので、無用なトラブルを避けるためにも残高は書かないようにしましょう。
次が、自筆遺言書の良い例です。

遺言書

遺言者山田太郎は、次のとおり、遺言する。

1、遺言者は、遺言者の有する下記の不動産を遺言者の妻山田花子（昭和27年6月15日生）に相続させる。

所在　△△県〇〇市△△町〇丁目
地番　〇番〇
地目　宅地
地積　100.02㎡

所在　△△県〇〇市△△町〇丁目〇番地
家屋番号　△番〇〇　種類　居宅　構造　木造スレート葺2階建
床面積　1階 100.02㎡　2階 95.00㎡

2. 遺言者は、次の銀行預金を長男山田一郎（昭和52年6月4日生）に相続させる。

かぜひの銀行　〇〇支店　普通預金　口座番号 11112223

3. 遺言執行者に次の者を指定する。
△△県□□市〇丁目〇番地△号
山田一郎

付言事項：
病気になってからも支えてくれてありがとう。至らない夫であり父親だったが、こんなに愛してくれたことを感謝している。これからも皆で助け合って生きて下さい。幸せな人生でした。

令和5年10月15日
山形県〇〇市△△町〇丁目〇番地
遺言者 山田太郎

付言事項で想いを伝える重要性

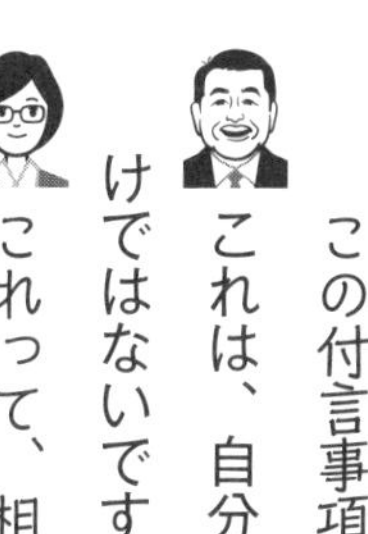

確かに、しっかり具体的に書かれていて迷わないですね。
この付言事項というのはなんですか？

これは、自分の気持ちを書いておくものです。必ず付けなければいけないわけではないですが、付けることを強くオススメします！

これって、相続人へのお礼を伝える項目なんですか？

そうとは限りませんよ。例えば自分のお葬式をこうしてほしいという希望を書いたり、何を書いても自由ですが、やはり相続が等分ではない場合は一言書いておくだけで相続人の心証が違うと思います。配偶者の老後が心配だから、長男には介護をしてもらったからなど、さまざまな理由で「この人に多く相続させたい」という気持ちになることがありますから。

そっか、そういうこともきちんと書いておかないと、分からないですもんね。
自分が亡くなったあとのことだから、その時に説明はできないし……。

「どうして私は少ないの?」となると揉める可能性もありますもんね。

はい。トラブルになることも考えられますし、そうでなくても、相続人に悲しい思いをさせるのは被相続人としても本意ではないですよね。悪意でやっているのでなければ、理由は説明するべきです。

大切なものですね、付言事項!

穏やかな相続のためには欠かせないものだと思って下さい。遺言書は、単に財産をどうするかということだけではなく、最後に想いを伝えるツールでもあるんですよ。

遺言書がない時は遺産分割協議書が必須

遺言書の書き方の基本を説明してもらいましたが、遺言書がなければどうするんでしょうか?

その場合、法定相続人が自動的に法定相続することになります。法定相続人が複数いて、法定相続と異なる配分にしたい場合に必要なのが遺産分割協議書です。これは自分で作成することもできますし、弁護士、司法書士、行政書士に依頼することもできます。

相続した財産を「誰に」「どのように」分けるかを記載したものですね。遺言書の代わりに、相続人で相続する内容を整理整頓するみたいな。

そうです。これは、相続人や、関係者の後々のトラブルを防ぐためにも役に立ちます。遺言書がない場合、不動産、預金、自動車など名義変更の際にも必要です。

いろいろな場面で使うものなんですね。

はい。逆にいうと、遺言書も遺産分割協議書もなければ、不動産、預金、自動車などの名義変更さえできなくなるということです。凍結された銀行口座の解除のための書類には、相続人全員から印鑑証明書付きで実印が必要です。

遺産分割協議書も特にフォーマットはないですか？

はい。遺産分割協議書も、書式・様式などは決まっていません。記載する内容は次のようなものになります。

・亡くなった人の最後の住所、死亡日、氏名
・相続人全員が分割方法や分割割合について合意している旨の内容
・分割する相続財産の具体的な内容
・相続人全員の住所、氏名、押印（実印）

遺産分割協議書には相続人全員の署名・押印が絶対に必要！

注意していただきたいのは、相続人全員の署名、実印での押印が必要ということです。これがネックなんです。

というと？

相続人の中に、ずっと連絡を取っておらず、どこにいるかも分からない人がいたら、どうでしょう。場合によっては、相続人のうちの一人が見たことも会ったこともない人という可能性もありますから。

認知している隠し子だったり、異父／異母兄弟だったりすると、その可能性も高いですよね。……もしかして、その場合は相続人が探し出してハンコをもらわないといけないんですか!?

そうです。その人の分の署名・押印がなければ遺産分割協議書として認められません。どこにいるか分からないから省く、ということはできないんですよ。他の相続人と同様に、相続する権利はありますから。

大変だ……。

はい。ただ、弁護士などに依頼して探すことはもちろん可能です。連絡の取りやすい身近にいたとしても、遺産分割協議書の内容に承諾してくれなければ、それも当然トラブルになります。

遺産分割協議書がまとまらない場合はどうなるんですか?

家庭裁判所で調停してもらいます。調停委員に、うまくまとまるように調整してもらう形ですね。これは時間がかかります。それでもまとまらなければ審判といって裁判官が内容を決めてしまいます。基本的には法定相続分になるとは聞いていますが……。

うーん、相続で揉めるって、ゾッとしますね。やっぱり円満に穏やかに相続したいです。

そのために必要なのが、事前の準備なんですよ。

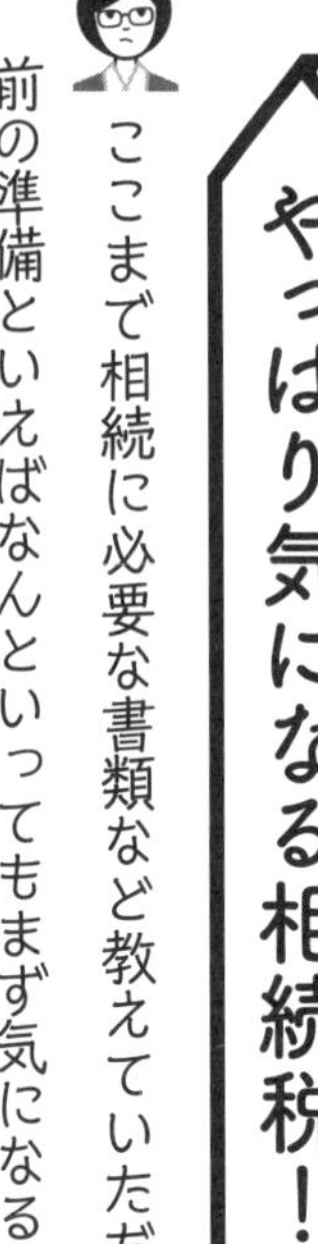

やっぱり気になる相続税！

ここまで相続に必要な書類など教えていただきましたが、相続において事前の準備といえばなんといってもまず気になるのは税金のことです！

確かに、「相続の準備」というと、イコール「相続税の準備」「節税対策」と思っていらっしゃる方は多いですね。特に、相続の中でも不動産は金額が大きくなりがちですから……。

はい、税金ってなんだか面倒くさそうだし、知識がないと損しそうだし、私も税金のことさえクリアできればあとは何もしなくていいかなって思ってます。

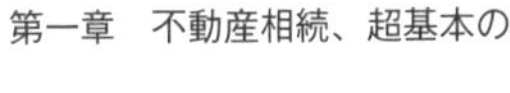

ちょっと待った！

わっ、びっくりした！　優しい顔で大声出さないでください！

今のセリフは聞き逃せませんよ。「税金のことさえクリアできればあとは何もしなくていい」……？

は、はい……。

あのですね、もちろん、相続の際、税金対策についてしっかり考える必要はあります。大きな金額になるものですし、やらなければいけないこともあれこれ多岐にわたります。

ただ、「円満な相続」という観点からいうと、税金云々の前に考えるべきことがあると思うのです。そこを無視して進めると、家族の間に取り返しのつかない亀裂が入ってしまいかねません。

え、税金の前に考えるべきことってなんですか??

それは、相続させる人、相続する人が何を大事にしているのか、という「想い」です。

さっきの付言事項にも繋がるものですね。まあ、でもまず考えるのは節税とか、損しないためのお金の話ですよ！

うーん、その考え方だとトラブルになりやすいのですが……。とりあえずここでは相続税の超基本についてお話ししましょう。

相続税がかかる？　かからない？　その分かれ道

相続税というと難しいイメージがありますが、かかるかかからないかの分岐点でいうと、意外と簡単に導き出せるんです。

3千万円＋（600万円×法定相続人の数）

相続対象となる遺産の総額が、この式で導き出される金額を超えた分に、相続税はかかります。

要するに、税金を算出する際に「この分はカウントしなくていいよ」と除外される基礎控除額を求める式ですね。

本当だ。シンプルなんですね。
図にすると、次のようになります。

3000万円
＋
600万円 × 法定相続人の数
↓
基礎控除額

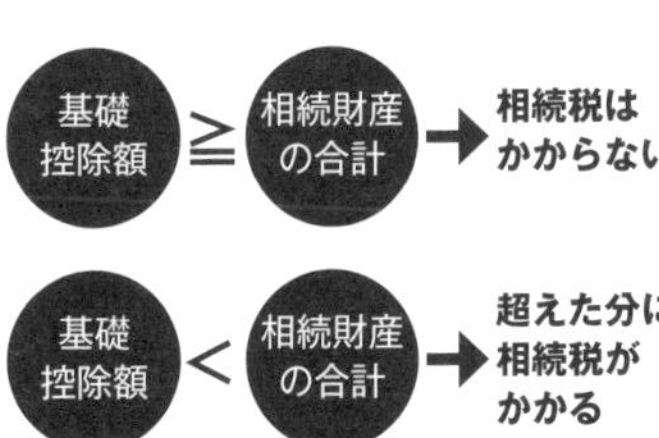

なるほど！　分かりやすいですね。
具体的な相続税の計算方法は複雑かつ本筋と外れるので省きますが、単純に「相続税がかかる・かからない」という点はこの式でクリアになります。

とりあえず、遺産総額が３６００万円以下であればその時点でもう相続人

が何人であっても相続税はかからないってことですね。

基本的にはそういうことです。
ただし、すべての場合に当てはまるとはいい切れませんので、実際の相続の際は、税金に関しては必ず税理士さんなど専門家に確認して下さい！

相続税がかからなくても相続トラブルは起きる！

となると、ええと、うちの場合は（電卓アプリを起動）だいたい土地と家がこのくらいの値段って聞いているから……あ、相続税かからないです～！

そうでしたか。そもそも、相続税がかかる人というのは全体の8％という国税庁の調べがあります。土地代の高い東京でもせいぜい16％です。（※ともに平成27年分相続税申告実績参照）

そう思うと、だいたいの人にとって相続税って無関係なんですね。なんだか気が楽になりました。

それは良かったです。漠然とした不安を取り去るためにも、早めに知っておくことは大事ですね。

はい、家や土地の相続というと必ず相続税はかかると思っていたので……。でも、相続税がかからなければ対策することもないし、晴れ晴れしました！

ちょっと待った！

えっ、またですか？

待ってください。大事なところです。

相続税がかからない＝相続問題が起きない、と思っていらっしゃる方は本当に多いですが、相続税の有無と相続トラブルは関係ないんですよ‼

相続税がかからないからといって必ずしも円満に相続ができるわけではありません。

え、そういうものですか？

現に、令和元年度の司法統計によると、相続のトラブルで裁判になっている事案の約34％は遺産総額1千万円以下なんです。

えーと、遺産総額が3千600万円以下なら、相続人が何人でも相続税はかからないですよね。それでも、そんなに揉めるんだ……。

はい。この調べだと0～5千万円以下が約76％を占めているんです。一方で、遺産総額が増えるに連れて裁判の数は減り、5億円以上になると0・6％という数字です。

え、なんでですか？　金額が大きい方が揉めそうなのに！

これは、相続の額が大きい人ほど、事前の準備をしっかりとしているからです。財産が多い方は、しっかり自身の死後のことを決めておかないとあれこれトラブルになるということは容易に想像できますよね。

だから、弁護士や税理士などのあらゆるプロを入れて、ぬかりなく準備せざるを得ないわけです。

なるほど！　でも、そこまで財産がない人はさっきの私みたいに、「相続税かからないし別にいいか！」って誤解して準備をしない傾向にあるわけですね。

はい、その通りです。「うちはたいした財産あるわけじゃないから、相続対策なんて必要ないよ」というのはよく聞くセリフです。

反省します……。

ちょっと想像してみてください。

極端な話ですが、例えば父親が亡くなって相続の額（相続財産評価）は3000万円、法定相続人は兄弟2人。

この場合、相続税はかかりませんね。遺言書はなく、遺産分割協議書を作ろうとなります。でも、2人の意見が合わない可能性は、どうでしょう。

……可能性はありますよね。大の大人が2人いれば、何かしら意見の相違はありそうです。

そうですよね。片方は実家を売りたい、もう一人は実家に住みたいということで意見が割れるというのもよくありますし、単純にどちらか片方が「自分のほうが多くもらう権利がある」と主張して揉めることもあります。

そういわれると、確かに……。いくらでも揉める要素ってありますね。

そうです、相続税がかからなくても、トラブルになるケースは全く珍しくありません！

でもでも、私は弟と仲いいですし！

それは今現在の話ですよね。数年後、あるいは10年後、はたまたもっと先かもしれない相続を迎えるタイミングでも、お互いの状況や感情が絶対に今と変わらない、という保証はありますか？

ぐっ……それは……ない、ですね……。

そうでしょう。病気やリストラ、家族の借金など、誰もが将来のことは予測できません。

誰にでも相続でトラブルになる可能性はあるんです。まずはそこを理解することが、相続対策の第一歩です！

相続時の土地の価格はどう調べる？

そもそも、遺産分割協議や相続税を計算する時の土地の価格ってどうやって決めるんですか？

例えば、その土地を買った時は2000万円だったとしても、今の価値だと1000万円、みたいなこともあるわけですよね？　当然、その逆も。

不動産の価格は、基本的に路線価から算出します。

路線価とは、国税庁がその道路ごとの1平方メートルあたりの価格を発表しているもので、毎年7月頃に更新されています。

それって私たちにも調べられるんですか？

はい、「路線価」と検索すると国税庁のサイトが出てきますので、そこから誰にでも簡単に見ることができますよ。

これは1平方メートルあたりの価格なので、これに3・3をかけた数字が1坪あたりの価格になると思ってください。

相続開始後に、路線価で相続税は計算するんですね。

はい、そうです。

ですが、遺産分割協議で誰が何をもらうかという話になった時は、必ずしも路線価で計算する必要はないです。

どうしてですか？　他に何か基準になるものがあるんでしょうか。

実際は、路線価よりも実際の相場、つまり実勢価格が高いか安いかのほうが大切ですよね。

例えば東京の都心であれば、ほとんどの場合路線価より実勢価格のほうが高くなるでしょう。

一方、私が普段仕事をしている山形県では、路線価では1坪あたり5万円の計算になるけれど、売る時には1万円にしかならないなんていうことも珍しくないです。

そんなに路線価と実勢価格に差があるんですね！

不動産には一物四価といわれるように一つの不動産（土地）に次の４つの価格が存在します。

■一物四価

①実勢価格（市場で実際に売買された価格）
②公示価格（国交省で算出する価格）
③路線価（国税庁で算出する価格）

④固定資産税評価（地方自治体で算出する価格）

4つもあるんだ……。ややこしい……。

②から④は誰でも検索すればある程度の価格は査定できますが、①の実勢価格は我々不動産業者が過去の実績などを考慮して査定します。ここが問題です。②～④の評価には、土地の特性や精神的瑕疵（かし）などは含まれません。

しかし実際の取引の際は必ず考慮されます。地図上では分かりようのない情報で、土地の実勢価格というのは左右されるものなんです。

じゃあ、②～④の価格と①の価格が全然違うということもあるんですか？

はい。相続評価は1千万円、しかし実勢価格は500万円なんてこともあり得ます。もちろん逆もあります。

じゃあ、どうしたらいいんですか！

そこは自分だけで進めず、プロの手を借りましょう。

遺言書の作成や遺産分割協議など、リアルな不動産の価値を知りたい場合は、税理士事務所と我々不動産業者が協力することが重要だと思います。

そうですね。ここまでお話を聞いて、相続の超基本のキだけでも理解するのは大変だと思いました。

実際の相続となるともっと複雑なわけで、自分だけで進めると後々揉めることも増えそうだなっていうのが正直な感想です。

そうです。大事なのは、信用できるプロを見つけて頼ること！

そして「自分のところは大丈夫」ではなく「トラブルになる可能性がある」と思って早めの準備をすること、ですよね！

そうです、よくぞいってくれました！

「事前の一策は事後の百策にも勝る」のことわざにもあるように、事前の準備次第で未来は大きく変わります。

次章からは、相続トラブルの事例を見つつ、相続に大切なのは「想い」だということをお伝えしたいと思います。

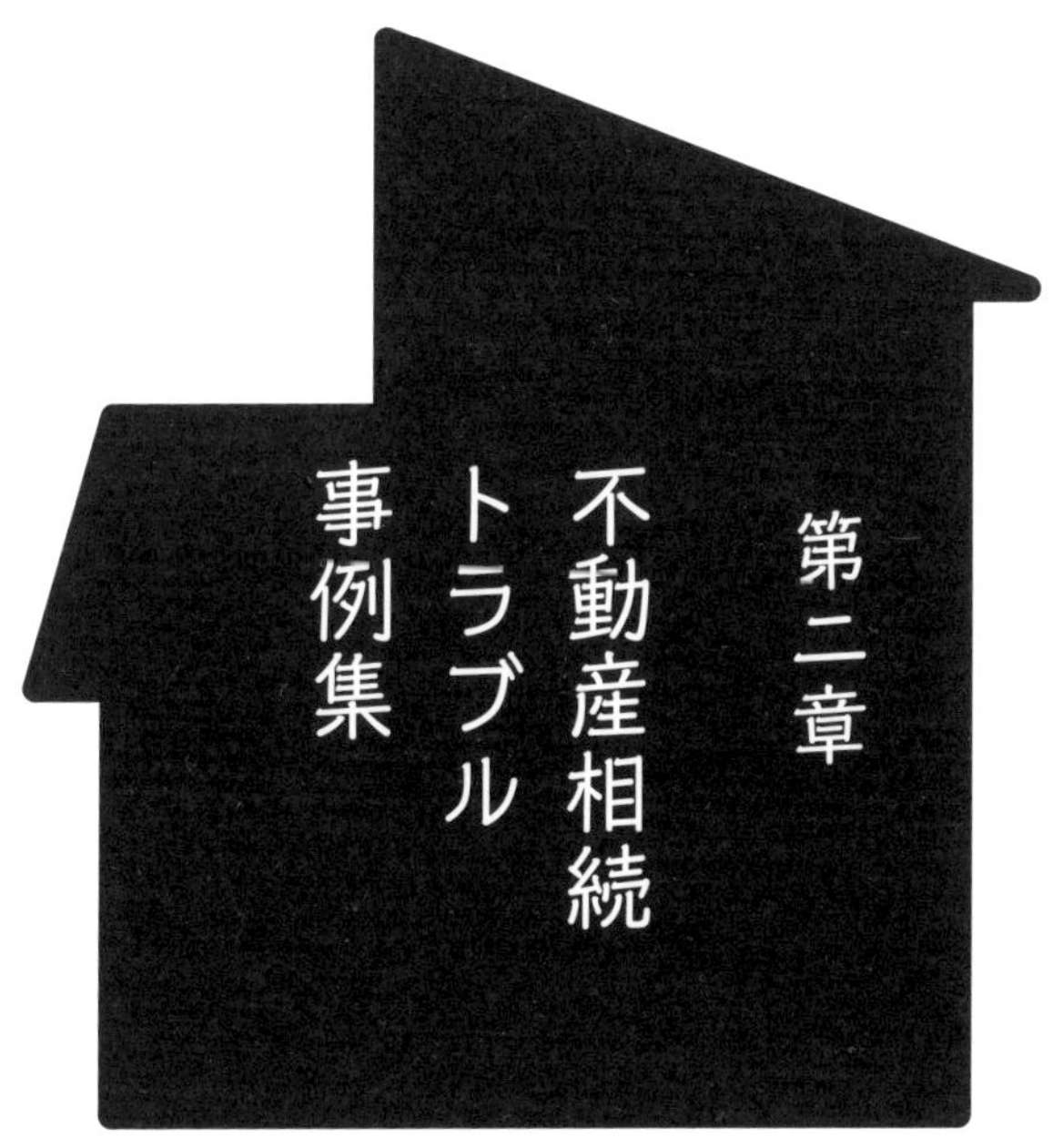

※本章の事例はすべて、個人情報に配慮し、
一部変更を加えております。

節税対策が裏目に出る!?

節税対策は必ずしなければならないもの？

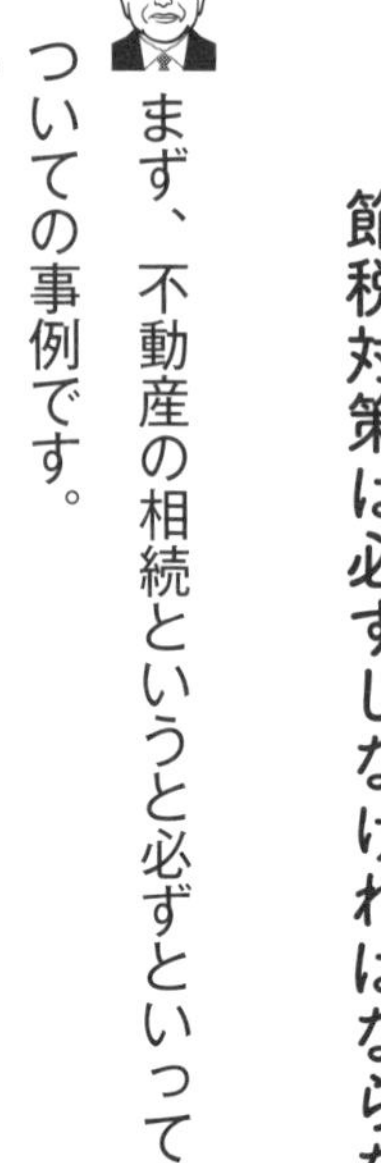

まず、不動産の相続というと必ずといっていいほど話に出る「節税対策」についての事例です。

確かに、節税対策って、不動産を相続するなら必ずセットで考えなければいけないものというイメージがあります。

節税対策には、賃貸物件の建設や保険の加入、お孫さんへの贈与などいくつもの方法があります。

今回の事例の前提を簡単にお伝えすると、空き地や駐車場のような誰も住んでいない土地よりも、戸建てやアパートなど人が住む場所に変えたほうがかかる税金は安くなるということですね。

確か、賃貸物件にしたほうが、そうでない物件よりも相続税が安くなるん

ですよね？

はい。今回の事例もそれに当たります。

節税対策でアパートを建ててしばらく経つ方が、今後のことを相談したいとのことで私のところにいらっしゃいました。

相続の相談ではなく、アパート管理を請け負う不動産屋さんとして相談を受けたということですね。

はい、もしも相続の時から私がご協力できていれば違う結果になっていただろうなと思う案件でした。

節税対策はやればやるほど得すると思っているんですが、違うのかな……？

事例①　節税のためにアパートを建築したのに……

相談者は、父親が亡くなり、土地を相続したサラリーマン。大手ハウスメーカーから節税の提案を受け、2年前にアパートを建築。

この際の資金は全て銀行からの借り入れで賄い、現在の借金は約4500万円。

相談者はアパート経営の知識も乏しく、入居率が下がってきたこともあり、今後の相談をすべく来店。

相談を受け、あらためて相続税効果を計算すると約100万円、売却をする場合の想定金額は約2500万円。

「今になってこんな不安を抱えるなら、相続の時、100万円の税金を支払っても、借金を抱えない方が良かった……」と相談者は呟いた。

アパート経営がうまくいくという保証はない！

さて、今回の節税対策は良かったといえるでしょうか？

すごく残念な節税対策ですね……。もちろんその時の節税にはなったんでしょうけど、のちのちまで不安を抱えることになっちゃった。

そうですよね。ただし、大手ハウスメーカーによるアパート運営の場合、長期間の家賃保証をしてもらえる仕組みになっていることが多いです。この方もそのパターンでしたので、即大きな問題になることはありません。

ですが、本来抱えなくてもいいはずの不安を抱えて生きていくことになってしまったことは事実です。

相続の場合、今この時、目先の財産にだけフィーチャーすると、このような事態になってしまいます。

うーん、私も「節税」と聞かされると飛びついてしまう自信がありますね。

そういった方は多いと思います。

今回の事例のようにハウスメーカーが節税対策としてアパート経営を勧めることがよくありますが、注意しなければいけないのは、彼らは相続の全体図を見ていない可能性があるということです。

自分の専門分野のところだけを見ているかもしれないっていうことですね。

そうです。なぜなら、彼らはあくまで住宅を建てることのプロですから。

そういったことも、私たちは分からないですもんね。知識がないので、住宅のプロの方に勧められたら、それがベストなんだろうな、と安易に思ってしまいそうです。

入居率も高く、経営がうまくいくのであれば、確かにアパート経営は不動産

相続の節税対策としては一番だと思います。

ただ、アパート経営もそうそう簡単に軌道に乗るものではありません。そこをしっかりと考慮しないといけないということですね。勧められるままにアパートを建てたものの、空室が増えて家賃収入が減るということは非常によくありますから。

満足行く相続対策とは？

もし、この方が相続の段階で相談に来られていたとして、志田さんならどうしますか？

そうですね、私なら……。

①財産目録を作成
②相続税の概算を税理士に出してもらう
③遺言書や他の財産も考慮し、節税を考えるかどうか尋ねる
④現金があるかどうかの確認

⑤相続者の現状・想いをヒアリング

こういった手順でしょうか。まずは『①財産目録』を作るところからですね。

どういった財産がどれだけあるかをリストアップするということですね。

そうです。それがないと全体を見通すことができないので、必須ですね。

次に、税理士さんの出番。

はい。相続税の概算を知ることも全体を把握するために外せません。また、今は、節税の相談を受ける際も税理士さんとともに行うことが基本となっています。

③の節税についても意思を確認するんですね。普通なら、そういう相続の相談を受けるプロの方は節税を前提に話を進めてしまいそうだけど……。

のちほど事例でも触れますが、相続税が発生する金額の相続をしたからといって、必ず節税対策しなければいけないということではないのです。

それは目からウロコです！　節税しないと損だと思っていました。

目の前のだけ木ではなく、森を見る必要があるんです。相続は、大変複雑か

つパーツの多いプラモデルみたいなものです。一部分だけを見て、仮にそこだけがうまく組み立てられたとしても意味がないんですよ。

今回の事例みたいに、節税した代わりにもっと大きなものを失うパターンも考えられるわけですね……。

そうです。目先の税金に振り回されて不幸になっては本末転倒ですよ！
本当にそうですね。えーと、次は……節税の意思を確認したあと、④現金の有無に注目されるんですね。これはどうしてでしょう？

思考をシンプルにしてください。節税も法律も何も関係なく、単純に考えて現金があるのとないのではどちらが安心ですか？

……それは当然、あるほうですよね？
そうですよね。手元の現金が乏しいのに、節税のために借金を抱える状態で生きていくというのはどうでしょうか？　まず、生活に必要となるのは現金です。ですので、現金と借金のバランスを考えることも重要だと考えています。

確かに、そうですね。当たり前といえば当たり前ですが、わざわざ手順に入っているということは、そこを失念してしまいがちということですか？

そうなんです。大きな金額が動くので、視野が狭くなってしまうんですね。
それは本当に落とし穴ですね。では最後の、⑤現状のヒアリングというのはどういったことを聞くんですか？

例えば、節税対策として賃貸経営がオススメだとして、その方の経済面、精神面などさまざまな観点からそれを行う余力があるかどうかなどですね。
あとは、相続で、ひいては人生で何を大切にしたいか、という点です。「相続させる人、する人、双方が満足いく人生になるかどうか」が一番重要です‼　ですので、遺言書の内容、つまり親御さんなどの想いと、他の財産も鑑みつつ、ヒアリングします。

これは、相続させる側もする側も大事ですね。節税最優先の考え方では足元をすくわれるっていうことがよく分かりました。

POINT!
目の前の節税だけに気を取られない！　今この時だけではなく長い目で見ること、「木を見て森を見ず」にならないこと

節税よりも大切にしたいものがある

潜在的な不安・悩みをヒアリングした相続対策

節税対策のつもりが余計な借金を背負ってしまうという事例を先程は見ましたが、今回は「節税をしない」事例です。

節税しない、ということは、お金ではないところを重視した相続対策ですね。

そうです。何が不安なのか、何を大切にしたいのかというところを聞き出すことに重点を置いた事例ですね。

事例②　合理性や損得よりも『想い』を優先

相談者は40代既婚女性。東北地方住在。

一人娘で、80代の母親は関西地方に一人住まい（実家は母親名義）。

現在は何とか一人で生活しているが、認知症の症状が出始め心配している。

「総合的な相続相談をしたい」とのことで来店。

税金対策ではなく、「母の願いを聞き届けたい」という相談者の想いが強い。

合理性、損得よりも母娘の希望を重視した相続対策を実施。

母親が入院し、実家は空き家になったが、亡くなるまでは売却しない意向。

この事例は最初から節税とかそういうお金の話は出なかったんですか？

はい。お母さんのお気持ちとしても、節税云々よりも、ペットの猫を大事にしてくれということくらいで、あとは娘さんを信頼して、全てお任せという感じでした。

志田さんはどういう手順で対策を考えられたんですか。

娘さんからお母さんの想いや考え方、資産などをヒアリングし、今後起こりうることをお伝えしました。

起こりうることっていうのはどんなことでしょう？

そうですね、例えばお母さんの認知症が進んで実家が空き家になった場合のリスク（火災や災害など）や、納税の必要性、そして認知症対策などについてお話させていただきました。

どれも不安なことですね。

はい。それから会計事務所と共同し、※1財産目録を作成、現状の相続税などを計算していただき今後の終活までのライフシミュレーションを行いました。
あとは今後のために、※2相続時精算課税制度の活用で2500万円までであれば税金がかからず生前贈与できる制度を活用し、（亡くなった時に財産は持ち戻し）お母さんから相談者さんに財産を移す提案をしました。

確かに、そうしておくと、これからお母さんに何かとお金がかかるようになってきた場合にも、手続きがスムーズになりますもんね。

そうです。生前にお金をお子さんに移しておくことも大切な終活ですね。

母が亡くなるまで空き家はそのままに

お母さんは、このご相談に来られたあと、一度は施設に入所されたのですが、

※1
被相続人の財産を、債権などマイナスのものも含め全て一覧にしたもの。相続対策や、遺産分割協議書作成の際に利用する。被相続人が生前に作成していない場合、相続人が一から財産を調査する必要が出てくるため負担が大きくなる。

※2
原則として60歳以上の父母または祖父母などから、18歳以上の子または孫などに対し、財産を贈与した場合において選択できる贈与税の制度。（国税庁HPより）

体調を崩されて入院になりました。

それで関西のご実家は空き家になったんですね。そこの管理も志田さんが？

いいえ、２ヶ月に一度、相談者さんが掃除をされています。できるうちはご自分でやりたい、そして「母が生きている間は売らない」ということでした。

売るのであれば、本当は早い方が高く売れるんじゃないんですか？

そうかもしれません。現状、ただ空き家になっているだけなので、そのまま寝かせておくよりは、売ってしまうほうが合理的です。ですが……。

気持ちのほうを尊重するということですね。

その通りです。私たちは、お金やモノといった顕在化されていることではなく、潜在化されているお母さんの気持ち、相談者さんの気持ちに寄り添って相続対策を進めていかなければいけないなと思っています。

この方は、相談先でお金の話ばかりされていたらきっとがっかりされたでしょうね。

相談者さんは、「相続税なんか払ってもいいので、母親の気持ちをしっかり汲んであげたいです」というスタンスでした。

相続税対策をあれこれして、例えば100万、200万円節税できました、なんていうことは、その人には喜びでも何でもなかったのです。

どうしても相続というとお金のイメージでしたが、こういう相続こそ、お金や税金をどうこうすると得という情報に惑わされず、自分がどうしたいか、誰に相談すればいいかを見極めないとダメですね。

そうです。自分ではモヤモヤしていたものが、誰かに相談しているうちに本心に気づくということもあると思いますよ。

実家の今後のことって本当に信頼できる人でないと相談したくないなと思いますが、そういう人を見つけられるのかなという不安もあります。

今はZOOMなどで相談を受け付けている不動産屋も増えましたし、地元ということにこだわらず、いくつか当たってみるのがオススメです!

「何もしない」という選択

私は、相続対策の話をしていて、最後に「先に起こることを理解した上で、敢えて今は何もしないというのも将来への備えです」という時もあるんです。

今このタイミングで何らかの対策を取ることによって、親子や兄弟、親類で揉めたり、何かトラブルが起こりそうであれば、無理に対策をする必要はないという考え方です。

それもまた目からウロコです！

はい。これは「何も考えたくないから何もしない」というのとは違いますよ。「こうなった時は相続税はこれぐらいかかる」とか、「こういう時はこういうトラブルが起こるかもしれない」という要点は分かっておくべきです。

そうやって、ある程度気持ちの準備はした上でいざ相続を迎えるのと、何も分からないでことが起きるのではその後の対応にも雲泥の差があります。

はい、やっぱり事前に知っておくことは大事ですね！

POINT！

・税金対策の前に何を大切にしたいかを見極める
・敢えて「何も対策をしない」ことも選択肢に入れておく

その財産はどこへ行く？

子供がいない場合の相続の行方

ここまで、相続人が子供である場合のトラブル事例を見てきましたが、今回は子供がいない事例です。

えーと、相続の順位として、配偶者は必ず相続人になって、次が子供、子供がいないと……確か、次は親になります。最後は兄弟ですよね。

そうです。子供がいないことで思いがけない相続人とのトラブルになることがあるんですよ。

相続トラブルの種っていろいろなパターンがあるんですね……。

本当にそうです。

事例③　配偶者の兄弟がまさかの主張

60代女性。既婚、子供はいない。

家を建て、やっとローン返済が終わったタイミングで夫が病死。

遺言書はなく、夫の両親はすでに他界しているため、夫の兄弟2人と遺産を分割することになる。

遺産分割協議書を作成する運びになるも、兄弟側から、相続の一環として正式に法定相続分の金額をもらう権利があると主張され、トラブルに。

これは、夫婦二人暮らしの家で夫が亡くなって、奥さんが一人で暮らす家の話ですよね？

はい、そうです。何事もなくハンコがもらえると思っていたところに、まさかの主張をされてしまったというわけです。

こんなこといわれるなんて想定してないですよ、だって夫婦でお金出して建てた家ですよ!?

そうなのですが、兄弟もれっきとした相続人なので、トンチンカンな主張ではないんです。

子供がいない場合こそ遺言書が重要になる

なんだか生きているのが嫌になる話ですね……。これって、夫婦の間に子供がいれば、兄弟の相続はなかったわけですよね？

はい、そうです。子供がいれば財産は配偶者と半分ずつです。兄弟であれば、財産の4分の3は配偶者、4分の1をこの場合兄弟2人で分ける形です。

遺言書さえあればこんなことにはならなかったんですよね。

そうなんです。この事例はご兄弟が健在でしたが、亡くなっている場合は誰に行くと思いますか？

えっと……？？

ご兄弟のお子さんです。

わぁ、そこまで行くんですね！　夫の遺産が自分だけでなく甥っ子に行く……うーん、なんだか釈然としない気がしちゃいます。

やはり、重要なのは遺言書なんですよ。
例えば、代々農家を営んでいる家系に生まれ、広い土地を持った男性がいたとします。一人っ子で、結婚はしていますが子供はいません。
そうすると、この男性が亡くなって遺言書も用意していなかった場合、土地はどうなるでしょうか？

ご両親も亡くなっているとして、兄弟もいない、子供もいない……となると、奥さんがすべて相続する？

そうです。そして、その後奥さんが亡くなると、奥さんのご兄弟や甥っ子・姪っ子など、これまで先祖代々受け継いできたナントカ家の土地が、ご主人の家系ではなく、見ず知らずの家のものになってしまうわけです。

果たしてそれでいいのか、ということですよね。

お子さんがいない場合は特に、「自分の財産がどこに行くのか？」というのは早めに考えて対策をしておかなければいけません。

本当にそうですね。自分の望まない形で、望まない相手に行くことがあり得るわけですもんね。うーん、考えさせられます。

次は、お子さんがおらず、早めの相続対策をされたいと弊社に来られた方の事例を見てみましょう。

事例④　子供も兄弟もいないからこその相続対策

相談者は60代の独身女性。
離婚歴はあるが子供はいない。
父親は早くに亡くなり、認知症の80代の母親と二人暮らし（母親名義の自宅あり）。
兄弟はおらず、親戚付き合いもほとんどない。
家や土地など、母親の財産は全て相談者が相続することになる。
自分の死後は、財産は全て動物の愛護関係の施設に遺贈したいと考えている。

相続人がいない場合の財産の行方

この方は、お母さんからの相続の相談ではなくて、ご自分が亡くなった後の相談のために来られたんですね。

そうです。お母さんとの関係は良好で、他に相続人もいないので、トラブルは現状起きません。
ただ、自分が引き継いだ財産のその後のことをきちんと準備しておきたいという方でした。

この方は、お子さんも兄弟もいないとなると、遺言書とかがなければ財産はどうなるんですか？

国庫に帰属されます。要するに、国の財産になるわけです。

へえ、そうなんですね！

ですので、それを望まないのであれば遺言書を作成する必要がありますね。
この方は、動物の愛護団体に遺贈したいという強い希望がありましたので、それを入れ込んだ遺言書を作成することになります。

確かに、想像すると、自分の財産を相続させる人が誰もいないとなると、それはそれで不安はありそうですね。

相続トラブルの心配はなくても、その代わり、「自分ひとりでどうしたらいいの？」というふうになってしまいそう……。

はい、この方も、私とお話されて随分と不安が解消されたようでした。「志田さんのような人がいてよかった」と安心された笑顔が忘れられません。

この方は、動物愛護団体への遺贈、というように明確な意思がありましたが、そういう希望が何もなくて困っている場合なんかも、志田さんに相談してもいいんでしょうか？

もちろん大丈夫ですよ！

遺言書作成にあたり忘れてはいけないのが、ただ作成するだけでなく、遺言を執行する人（遺言執行人）、そして亡くなった後に葬儀の進め方や届け出を出す人（死後事務委任）なども決めなければならないということです。

基本的に私は相続相談の専門家として活動しておりますので、何でも相談して下さい。場合によっては専門家を交えて解決していきます。

認知した子供がいる場合も要注意

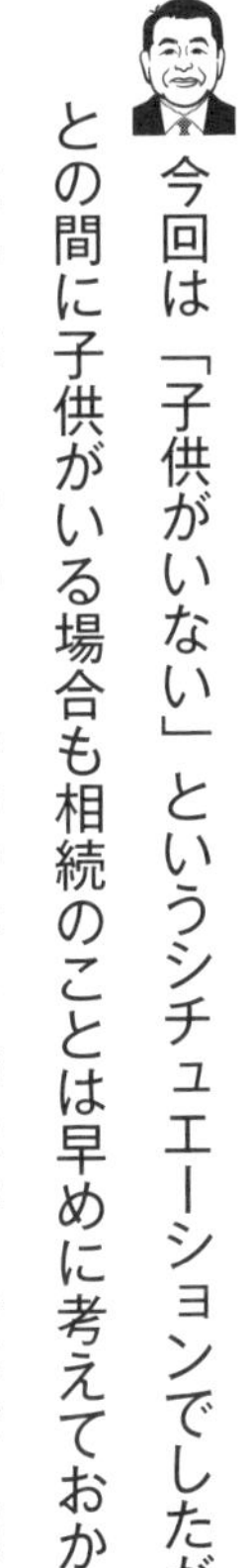

今回は「子供がいない」というシチュエーションでしたが、今の配偶者以外との間に子供がいる場合も相続のことは早めに考えておかないといけません。

離れて暮らしているとか会ったことがないとかは全く関係なく、法的に親子とみなされていれば相続人になります。被相続人が男性の場合、認知していれば親子ということです。

誰に何をどういう配分で相続させるのか考えておかないと子供たちが大変な思いをする可能性が高いですもんね。

はい。遺言書は、自分のためというだけでなく、遺された家族に迷惑をかけないためにも必要なものだと理解してもらえればと思います。

POINT!

・自分の死後、財産がどこへ行くのかしっかり把握しておく
・子供がいない人も遺言書は重要になる

20年間放置し続けた不動産の相続問題

別居状態での相続が招いた不幸

今回は、不動産相続ならではの、少しややこしい事例です。

20年分の思いが積み重なった相続問題なんて、想像しただけで気が遠くなりそうです……。

これについては、私がしっかり解決しましたのでご安心下さい。

事例⑤　住んでいない土地の税金を支払い続けた20年

相談者は70代女性。娘と息子がいる。

20年ほど前、別居状態にあった夫がなくなり、財産を相続。

当時、夫の実家には夫と義理の母親が住んでおり、その土地は夫名義だったために相談者が相続したが、建物は未登記のために相続されなかった。

そのため、現在は義姉が暮らし、相談者は自分が住んでいない土地の固定資産税だけを20年にわたり納付している。

自分が住んでいないのに、別居していた夫の土地に、税金を払い続けているんですか？

そうなんです。別居はしていたものの、れっきとした夫の名義の土地なので、相続することになったわけです。

これ、離婚していれば全く関係なかったんですよね？

はい、それであれば配偶者ではないので、そもそも相続人になりません。

さっさと離婚してればよかったのに……。

後から考えて、ああしておけば良かった、こうしておけばこんなことにはならなかったのに……というのがたくさん出てくるのが相続問題なんですよ。だからこそ、準備が大切なんです！

こういう事例を見ているとそのことがよく分かりますね。

別居・未登記が招いたまさかのトラブル

この事案は、離婚していなかったことに加え、家の※1不動産登記をしていなかったこともトラブルの要因です。

もしも家のほうもご主人の名義で登記してあれば、明確にご主人のものとなって、相談者さんが相続していたわけですね。

はい。そこができていなかったので、土地だけ相続し、税金だけ支払うという不具合が起きてしまったんです。

これはどうやって解決されたんですか？

相談者さんは、もともとはこの土地を「実家に住んでいるお義姉さんに買い取ってもらいたい」という依頼で私のところに来られたんです。ですので、最初はその交渉のために私一人でお義姉さんの住むご実家に伺いました。

波乱の予感が！

（笑）。私が行くと、やはりお義姉さんは相談者さんに対して良い感情は持たれていなかったようで、まともに取り合ってもらえませんでした。

※1 土地や建物の所在・面積のほか，所有者の住所・氏名などを公の帳簿（登記簿）に記載したもの。権利関係などの状況が誰にでも分かるようにし、取引の安全と円滑をはかる役割を果たす。

「別居してたくせにうちの財産を相続して……」みたいな感情があったのかもしれませんね！　ドロドロ展開になりそうで楽しみです！

ドラマじゃないですよ（笑）。私は、大変な案件に関わってしまったな……と正直思っていました。

確かに、真っ向勝負では解決できなさそうですもんね。

そうなんです。あまり印象の良くない相手から、しかも相続から20年も経って「土地を買い取ってくれ」といわれて「はい、分かりました」とはなりませんよね。

うんうん。

子供にも遺恨を引き継ぐ可能性

そこで、相談者さんには「あなたの代で解決したほうが良い事案で、そのためには条件を考え直す必要があると思います」ということをお伝えしました。「あなたも70代半ばで、ここで解決できなければお子さんたちに同じ問題が引き継がれますよ」と。

そうか、相談者さんが亡くなったら今度はお子さんがこの税金を払わなければいけなくなるんですね！

そこが相続の厄介なところです。負債だけでなく、トラブルといった負の遺産も延々と引き継がれてしまうんですね。

どこかの時点で誰かが問題意識を持って終わりにしなければ、自然消滅はしないですもんね。

そうです。だからこそ、「土地を売るという発想ではなく、まずは問題を解決するというところを最優先に考えてみませんか」とお話しました。具体的には、売るのではなくて相手に土地を無償で渡す、贈与の選択ですね。

なるほど！　でも、売却とは全然違う方向の提案ですよね。それですぐに納得されたんですか？

いいえ、それから少しの間音沙汰がなく、一ヶ月ほど経ってから「贈与でも構わないので、私はこの問題を解決したいです」と連絡が来ました。

心変わりしたんですね！　新展開！

だから、ドラマじゃないですよ（笑）。

解決方法は思いやりをもって話し合うこと

それでどうなったんですか⁉

そこで、再度私がお義姉さんのお宅へお伺いし、「決して土地を売るという発想ではなく、問題を解決したいと思っているので、お話を聞いていただけませんか？」とお伝えしました。

そこまでいわれたら聞いてくれますよね。

はい、その日は義理の弟さんも来られていたんですが、皆さん揃ってお話を聞いていただける形になったので、「今までいろいろなことがあったけれど、やはりこれから先の未来のことも考えないといけないので、土地を贈与したいとおっしゃっています」と、相談者さんの意思をお伝えしたんです。

グッと来ますね。

そうしたら、弟さんが「本当ですか？」と驚かれていて。自分たちもこの問題はいつか解決しないといけないと思っていた、と。

相談者さんがそういう申し出をしたことを大変喜んで下さり、贈与税や登記費用などかかっても協力すると二つ返事をして下さったんです。

わあ、本当に良かったですね！

はい、お陰様でこの件は丸く収めることができました。

弟さんに、「お互いいいたいことだけいってもうまく進まないから、こういうふうにして志田さんが入ってくれて解決してくれたこと、本当にありがたい」といっていただいて、私もとても嬉しかったです。

やっぱり、売却の相談で来ていた人に贈与の提案をするっていう解決方法がなかなか普通は思いつかないように思います。

繰り返しになりますが、こういう相続のトラブルで大切なのは目の前のお金の話ではないんです。

ですので、相談者さんにも「今ここで『売りたい』という自分の意思を通すために頑張っても仕方ないですよ」とお話しました。お互いに「売りたい！」「買わない！」といい合ってもなんの生産性もありませんからね。

相手も人間で、気持ちがありますから。こういったトラブルを解決する時に大事なのは、思いやる気持ちではないかなと思います。

本当にそうですね……。あ、そういえば土地の登記の問題はどうなったんですか？

そこは、最終的にお義姉さんの名義できちんと登記しましょうと提案して、その形に落ち着きました。

だったら、もうこれで持ち主もはっきりしたし、子供たちにゴタゴタが引き継がれることはないし、大団円ですね。

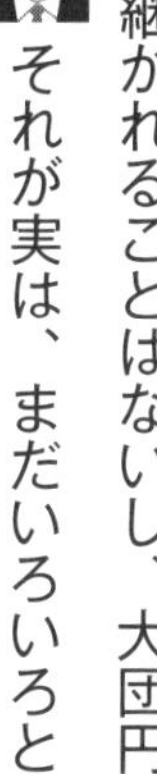

それが実は、まだいろいろと解決していないこともありまして……ここでその詳細は省きますが、本当に相続のトラブルはややこしいものなんです。

でも、この土地の税金については解決したわけだから、すごいですよ。頑張って下さい！　ドンマイ！

ありがとうございます（笑）。

POINT!

・遺された家族にトラブルを引き継いでしまう可能性を考える
・自分の要求だけにこだわらず、思いやりの心を持って交渉する

本当に「私は何もいらない」？

「相続しない」という意思表示の方法

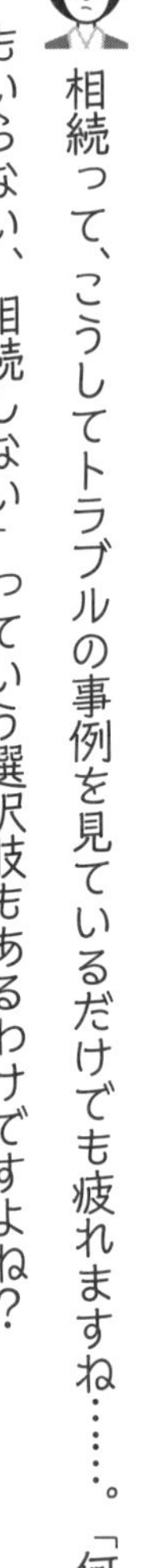

相続って、こうしてトラブルの事例を見ているだけでも疲れますね……。「何もいらない、相続しない」っていう選択肢もあるわけですよね？

もちろん、何も相続しないということは可能ですよ。

相続のゴタゴタに巻き込まれたくないとか、他の兄弟のほうが親の面倒を見ているから自分は何もいらない、って相続を辞退するパターンは結構ありそうですよね。相続放棄っていう言葉もよく聞きます。

はい、それについては後ほど解説します。
ただ、そういった「相続しない」と思っている場合も、しっかり考えて準備をしておかないと落とし穴があるんですよ……。ここで事例を見てみましょう。

事例⑥　あの時はそういったけど今は違うの！

相談者は40代男性。

70代の両親と40代の妹がいる。

相談者は実家の今後や空き家になった時の相談も含めて来店。

両親と同居、面倒を見ていることを受け、妹は「実家含め財産はお兄ちゃんが全部相続する形でいいよ」と明言。

数年後。

いざ父が亡くなり相続が開始すると、妹は「私にももらう権利はあるよね」と相続権を主張。

妹は、夫のリストラ、子供の大学受験と、経済的に苦しい状況に陥っていたタイミングだった。

相談者は「話が違う」と妹と真っ向から対立したが、最終的には相続した現金を分配することで解決。

これは、特に資産家というわけではなく、どこにでもあるいわゆる普通のご家族の話です。相続税がかかるような案件でもありませんでした。

兄妹はどちらも結婚していて、実家で両親と同居しているお兄さんが全部相続する、という話になっていたわけですね。

そうです。妹さんもそれを承諾していました。妹さんとの口約束があったことから、特に相続対策はされていなかったようです。

それなのに、いざとなると妹さんが権利を主張し始めたんですね。うーん、ご主人のリストラとかお子さんの受験とか、事情は分かるんですが、相談者さんが気の毒ですね。

ですが、妹さんも法定相続人であることは事実ですから、そういう意味では無茶な話ではないわけです。

結局、相談者が実家を売ってそのお金を分割したんですか？

いえ、実家にはお母さんと相談者とそのご家族が住んでいるので、売るわけにはいきませんでした。なので、相続した現金と家と土地の金額を出して、その半分程度の額を妹さんにという形になりました。

妹への「ハンコ代」で済むはずが数百万円の遺産分割に！

こういう「いらない」と口頭で伝えただけのパターンで、仮に揉めなかったとしたら妹さんには本当に一銭も入らないんですか？

「ハンコ代」としていくらか渡す形が一般的ですね。合意の上の遺産分割であれば、何も相続しないほう、あるいは相続割合の少ないほうの人に、多いほうの人が気持ちとしてお金を渡すわけです。金額は数千円～数十万円、それ以上の場合もあるでしょうし、財産の額によって変わると思います。

やっぱりこの件でこの事例の兄妹仲は険悪になってたんですか？

私の見た感じではそうなりつつありましたね。

お母さんは2人の仲裁はできなかったんでしょうか。

親御さんがご高齢になってくると、我が子とはいえなかなか口を出しにくくなるケースは多いですね。このケースも、もうお母さんが何か助言をするというような状態ではなく、お子さん2人で進めていて、最終的に私のところへ来られたのです。

一寸先は闇！　未来のことは誰にも分からないと心得る

うーんと、この事例の問題点は、妹さんの意思確認が数年前の口伝えだけで、法的な書類とかがなかったことですか？

それもありますね。妹さんが「私はいらない」といった時点で、例えば（税金の問題はひとまず置いといて、お父様から自分に生前贈与をしてもらう、あるいは遺言書を作成しておいてもらえればこんなことにはなりませんでした。妹さんもそんなことを不用意に口にしてしまって、後悔されたと思いますよ。

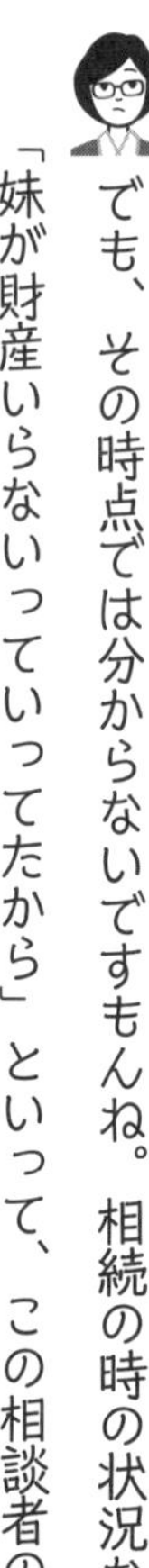

でも、その時点では分からないですもんね。相続の時の状況なんて……。「妹が財産いらないっていってたから」といって、この相談者の方がそそくさとお父さんに遺言書を作らせたり生前贈与をせがんだりしていても、それはそれで兄妹の仲にヒビが入りそうですし。

そうですね。やはり、相続に関しては軽々しく「いらない」と口にしないこと、いわれた方もそれを鵜呑みにせず準備しておくことですね。

相続って、未来のことですもんね。ある程度の予測は立てられるにしても、「ある程度」でしかないっていう……。

そうなんです！　人生は何が起こるか分かりません。その時は家族全員が健康で財産がたくさんあり、「相続しなくても何も問題ない」と思っていても、状況は変わるんです。

相続する方も、させる方も、本当に考えないといけないことが多すぎる！　だからこそ、円満な相続のためにはプロの手を借りてほしいんです。相続は複雑なので、対策をするといっても、専門知識のない人が一人でやるというのはリスクが大きいと思いますね。

POINT!

・「今」と「相続の時」では状況が変わっている可能性を考慮する
・その時の状況・感情で「相続しない」と簡単に口にしない

マイナスの相続と相続放棄の落とし穴

相続しないという意思表示

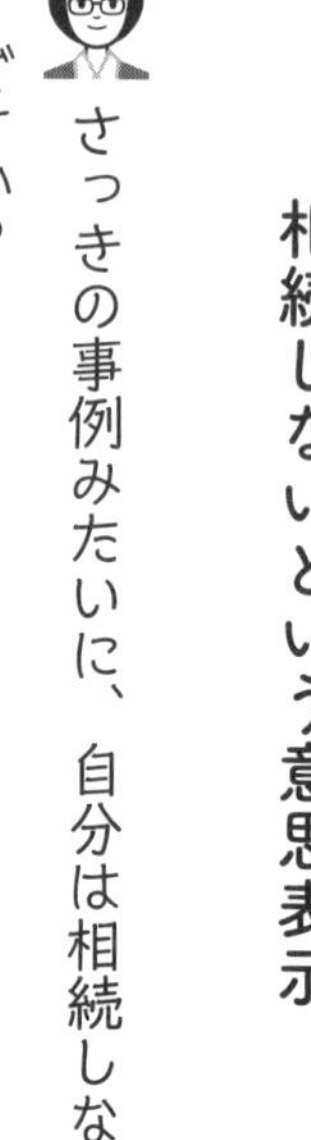

さっきの事例みたいに、自分は相続しない、と決めたらどうすればいいんですか？

もうその気持ちが揺るがないというのであれば、相続放棄の手続きをするのがベストです。

それって相続前にしておけばいいんでしょうか。

いいえ、相続放棄は、相続開始後にしか手続きできません。相続開始を知ってから3ヶ月以内に、家庭裁判所に申述する必要があります。

3ヶ月経ってしまうと、遺言書の執行あるいは遺産分割協議書を作成しなければなりません。ここは重要です。

遺言書がなければ遺産分割協議書を作成するんですよね？　自動的に法定

相続人に法定相続分を分けることが決まりではないと習いました。

はい、そうです。相続放棄は家庭裁判所で手続きしなければいけないということも覚えておいて下さい。では次の事例を見てみましょう。

事例⑦「相続放棄したつもり」の罠

50代の男性。姉が一人。

父が亡くなり、姉とともに相続人となった。

遺言書はなく、主な財産は実家の家屋と土地。

男性は海外暮らしをする予定があったことから、何も相続はせず、すべて妹が相続する形の遺産分割協議書に押印。

円満に相続は終了した。

だが、数年後、妹とともに父の借金数百万円を相続することになった。

え、え!?　なんですかこのオチ!?　どういうこと!?　どこから借金出てきたんですか!?

怖い話ですよねぇ。
ですよねぇ、じゃないですよ！　意味が分からないです！

被相続人が連帯保証人だった！

実は、このお父さんが過去にご家族の知らないところで借金の連帯保証人になっていて、主債務者（借金をしていた人）がまだ借金が残っている状態で亡くなったんですね。それで、こういった形でこのご姉弟が相続しなければいけなくなったわけです。

本来は連帯保証人であるお父さんが支払うところだけど、お父さんも亡くなっているから……となると、相続人が返済義務を負うわけですね……。

そうです。その時に、「俺は何も相続しないってあの時にいったから」というのは通用しません。

でも、この人、遺産分割協議の時点で相続放棄したんじゃないんですか？

それが、していないんですよ。

だって、遺産分割協議書に……あ、そうか！

遺産分割協議書作成の時点で何も相続していなくても、それでは法的に相続放棄したことにはならないんです！

最初に申し上げたように、家庭裁判所で手続きをして初めて相続放棄となるんですよ。

さっき教えていただいたばっかりでした。

そうです。あくまで、遺産分割協議書はそこに書いてある財産についての協議です。

この事案の方の場合、遺産分割協議書には、家や土地などのことは書いてあったので、それについては彼の思惑どおりに「相続しない」という形になったわけです。

この事案の場合、相続が開始した時点で相続放棄をしておけばこんな結末にはならなかったわけですよね。

はい。相続放棄をした時点で「最初から相続人ではなかった」という扱いになるので、負の遺産を自分の配偶者や子供に引き継ぐこともなくなります。

マイナスの相続を想定する

相続って、不動産とか銀行預金とか株とか、「プラスの財産を引き継ぐもの」っていうイメージでしたが、借金、つまりマイナスの相続っていうのもあるんですよね。全く考えていませんでした。

場合によっては、プラスとマイナス両方の相続があり、プラスの財産を売ってそれでマイナスの分を返済するというようなやり方もあります。本当に相続は百人いれば百通りですね。

マイナスのほうが多い場合なんかは相続放棄するべきですよね？

そうですね。事前にそういうことが分かっていればスムーズにその選択をすることができるので、事前に相続の内容を把握しておけるとベストですね。

事前にプラスもマイナスもひっくるめて、相続の対象になるものをリストアップしておくといいのでしょうか？

はい。財産を一覧にした財産目録を生前に作っておくと、何がどれだけあるというのが分かりやすく、対策が考えやすくなるのでオススメです。

ただ、私にも時々この作成依頼があるのですが、ご自分でも作成はできるものですし、「財産目録の作成だけ」というのは基本的にお受けしていません。

それはどうしてですか？

相続は、まず関わる人の想いや関係性、何を重視するかなども鑑みて対策を考えるべきで、目録に並んだモノだけを見ていては決して納得する相続対策にはならないと私は思うからです。

これは大事なところです‼

は、はい、分かりました‼

POINT!

・法的な相続放棄は家庭裁判所で行う以外方法はない
・マイナスの相続についても考えておく

兄弟姉妹でトラブル勃発

コミュニケーションを取りにくい兄弟は鬼門

相続のトラブルといえば、やっぱり兄弟姉妹での争いというイメージが正直ありますね。

まあ、一般的な家庭ですと親の財産を兄弟姉妹で分けるという形が多いので、どうしてもトラブルもその関係性の中で起きやすいですね。

まずは、数年にわたり連絡を取っていない兄との相続の事例です。

事例⑧　疎遠な兄との相続問題

相談者は50代女性。夫と子供1人の3人暮らし。

父親は数年前に亡くなり、80代の母親は実家で一人暮らし。

実家とは別に母親名義の物件がある。

車で20分の距離に一人暮らしの兄（離婚歴&子供あり）がいるが、価値観の違いなどで、3年間にわたり音信不通。

今後、母親が認知症になった場合、終活のための資金は十分なのか？

実家はどのようにすべきなのか、兄との相続問題はどうなるのか？

さまざまな不安を抱えており、相談のために来店。


これは、かつてお兄さんと相談者・お母さんとの間での意見の相違によるトラブルがあり、お兄さんと疎遠になっているパターンです。

お兄さんには少々コミュニケーションが取りにくいところがあるとのことで、お二人とも距離を取りたいといったご様子でした。

なるほど。この場合、遺言書がないままだと、お母さんが亡くなった後に兄妹で遺産分割協議書を作って諸々の手続きを進めないといけないわけですよね。

そうです。それを避けたいがためにご来店されたといっても良いでしょう。

さまざまな角度から起こり得ることを考える

志田さんはどういう対応をされたんですか？

財産目録の作成、ライフシミュレーション、ご実家を解体した場合の見積もり、売却した場合の査定などの事務的な手続きを進めながら、一番大切にしたのはお母さんのお気持ちのヒアリングですね。

やはり、お母さんは自分がいなくなった後のお子さんたちのことをとても心配していらっしゃいましたから。

お母さんの意向に沿いつつ、かつ問題の起きにくいようにきっちり相続の内容を決めて、遺言書を作成しないといけませんよね。ハードルが高そうです。

はい。遺言書だけに留まらず、生前贈与の検討もしています。

というと？

ご実家とは別に、誰も住んでいない古い一軒家を所有しておられたんです。お母さんは、ここにお兄さんに住まわせたいとお考えでした。

ああ、お兄さんに生前贈与するということですね！

いえいえ、相談者さんへの贈与です。

え、どうしてですか？

お兄さんは経済的に不安定な上、お金遣いに関しても心配なところがあるとのことでした。

さらに、お兄さんには、一緒に暮らしてはいませんが前妻との間にお子さんがいるのです。

ということは、お兄さんに贈与すると、勝手に売ってしまったりするかもしれないし、そうでなくてもゆくゆくはその土地はお子さんのところに相続されてしまうんですね。

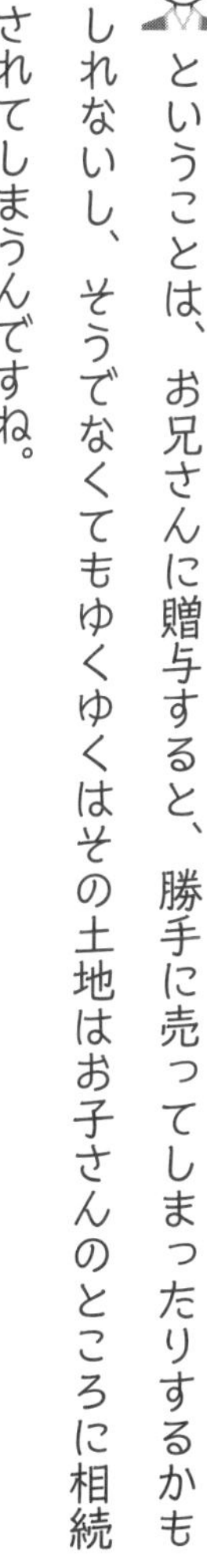

そうなんです。ですが、相談者さんに贈与しておけば、住むのがお兄さんであったとしても、あくまで所有者は相談者さんなので、お兄さんの好きにはできないわけです。

もちろん、お兄さんのお子さんに相続されることもありません。

なるほど！　単に税金や資産運用などではなく、相続された方のその後の生活まで考慮して相続の対策を立てていくんですね！

志田さんみたいな多角的に相続を見ていらっしゃる方のご意見をいただけるとすごくありがたいですね。

私は、意見をするというより、あくまで情報を提供するスタンスです。「こうしましょう」とはいわず、「こういう方法もあります」と情報を提示して、「どうしたいですか？」とご希望を聞き出す感じですね。

本当にカウンセリングですね。自分自身でも気づかなかった家族への本心なんかも浮き彫りになりそうです。

実際、相続対策というのは、自分のこれまでの人生において、どういう道のりでどういう財産を築き、そして家族にどういう愛情をかけてきたのかを振り返る行為でもあると思いますね。

この事例の場合、お母さんは相談者さんにすべての財産を相続させたいわけですよね。できればもうお兄さんとは縁を切りたい、関わりたくないということなんでしょうか？

そういうわけではないんです。やはり母親としての情はあり、心配はされていました。

ただ、先程の空き家の話もそうですが、財産を相続させたところでまともな使い方をしないだろうと想像がつくので、娘である相談者さんのほうに全部任せて、娘の管理下に置いておきたいということでした。決して愛情がないわけではないんです。

そうなんですね。そういう母親としての気持ちがちゃんとお兄さんにも伝わるといいですよね……。

はい。そこで、私がもう一点お伝えしたのが、遺言書の息子さんへの付言事項として、どういう考えで財産配分を決めたか、どういう想いがあるのか書いておくということです。

第一章の「超基本のキ」で教えてもらったものですね。

そうです。付言事項についてはのちほどまたお話しします。

次に、前項と同じく、兄弟間で、相続時に思いがけないトラブルが起こってしまった事例を見てみましょう。

事例⑨　父の遺産が姉に使い込まれていた!?

相談者は50代男性、妻と子供2人。姉が1人。

父親は数年前に他界。

80代の母親とは姉夫婦は同居し、介護を行っている。

姉弟仲は良好だったが、母親が亡くなり、実家と、何も使用していない土地、そして現金の相続手続きを進める中で、かつて母が相続した父の遺産が急激に減っていることが判明。

母は病気で寝たきりだったこともあり、そんなに使うことは不可能なことから、介護をしていた姉に疑惑の目が向く。

姉は母のことにしか使っていないと主張するが証拠はない。

相続開始後に発覚した使い込み

これはまた泥沼な感じですね。

お母様が亡くなり、相続が始まって遺産分割協議をしている中で、相談者さんが「何かおかしい」と気づいて私のところに来られた形です。

志田さんの対応としてはどういう形だったんでしょうか？

まずは「何かおかしい」を明確にするために、金融機関から残高証明を取ってお金の流れをチェックしてみてはどうかとお話しました。

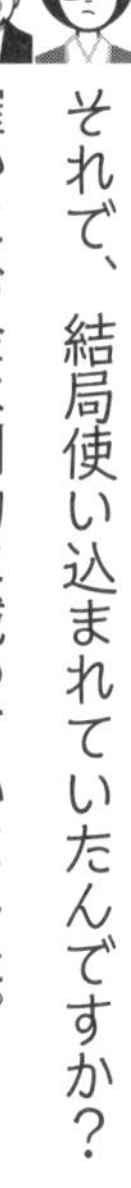

それで、結局使い込まれていたんですか？

確かにお金は劇的に減っていました。

具体的にはいくらくらいですか？

普通の方にとっては大きな金額とだけお伝えしておきます。

ただ、お姉さん側のいい分としては、「自分たちのことには使っていない」「お母さんのために使った」ということなんですよ。

それはもう確認しようがないですよね……。

そうなんです。つらかったのが、この相談者さんが私のところに来るたびに泣いていかれることです。

お金が欲しいわけではなく、実の姉がなぜそんなことをしてしまったのかというところがやはり納得行かず、悲しんでおられるようでした。

姉弟仲はもともと良かったんですもんね。

はい。そもそもの姉弟仲は問題なく、お父さんの相続の時には何も揉めていないと聞いています。お父さんの遺産はすべてお母さんが受け継ぎました。

今回お母さんが亡くなって相続が始まったことで、お姉さんの使い込みが明るみに出たということですね。

今回の遺産分割協議については、使い込まれた残りの分を分けるっていうことしかできないわけですか？

この事例に関しては、相続の方法うんぬんのお悩みというよりは、すでに起こってしまったことなので私のほうでできることはあまりなく、最終的にどういう形の相続になったのかは分からないんです。

お母さんが亡くなる前に判明していればまだいくらか対策しようがあったかなとは思いますね。

相続開始前なら対策ができたのか？

相続開始前であれば、例えばどういう対策が考えられましたか？

とはいえ、相続というよりは日常の中でお姉さんがお金を使われていたということなので、抜本的な解決は難しいとは思います。

「防ぐための対策」というよりは、「起こってしまったことに対しての対症療法」ですね。

確かに。お姉さんの使い込みをやめさせることはできませんもんね。

はい。その中でも考えられる策は、まずお母さんからもきちんと事実関係を確認しておくことです。

お姉さんが何にいつお金を使ったのかということが大まかにでも分かれば、お姉さんの「自分のことには使っていない」という主張の信ぴょう性なども判断しやすく、対応も変わってくるのではないかと思いますね。

これはそうですよね。一番必要なことですね。

次にできることとしては、お姉さんに、毎月お母さんにかかる支出をはっきり出してもらうことでしょうか。

お母さんにも確認してもらいながら、何にどのくらいかかっているのかをクリアにしないといけませんよね。

ただ、この相談者さんも、お母さんがお元気で何も起こっていない時点でわざわざ相続のことを考えて、お父さんの遺産がどうなっているかのチェックをするかというと、まずしないですよね……。

そう、悩ましいのはそこなんですよ！

「うちに相続問題なんか起こるわけない」の思い込み

兄弟仲に問題がなくて、かつそこまで莫大な額の遺産がなければ、相続について心配している人ってきっとごく少数ですよね。

そうです。ほとんどの方が、自分のところに相続問題なんか起きるはずがないと思っているので。

ただ、相続が始まるとこういうこともある、というのを皆さんに知っていただきたいという想いから、今回この事例を紹介しました。

確かに、こういう事例を見ると、相続って一面的ではないものなんだなと

思いますね。

志田さんがおっしゃっていたように、お金やモノだけを見ていては解決できないことがたくさんあると感じます。

この事例のように、仮に早くから対策を立てようとしていても根本的な解決が難しい場合もあります。

それでも、親御さんの生前から相続相談の専門家にご相談いただき、弁護士や税理士などのプロの力を借りていれば、結果は全く違ったはずです。親御さんも、相続人であるお子さんたちも、もっと納得の行く形の相続ができたのではないでしょうか。

「相続トラブルは他人事ではない、自分の身にも起こり得ることだ」と分かるところからが相続対策の始まりではないかと思います。

POINT!

・相続対策は相続人の先の先まで見据えて多角的に判断する
・被相続人の生前から対策することでリスク回避の可能性が高まる

兄弟姉妹だけじゃない親族トラブル

亡くなる順番が相続に影を落とす

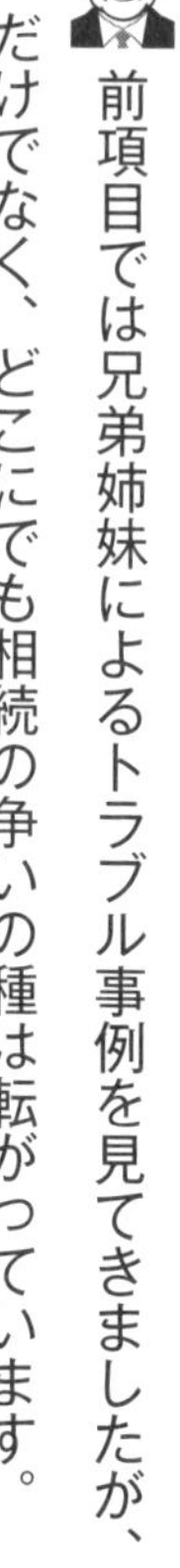

前項目では兄弟姉妹によるトラブル事例を見てきましたが、当然、兄弟姉妹だけでなく、どこにでも相続の争いの種は転がっています。

なんだかもう、何が相続トラブルの引き金になっても驚きませんね。

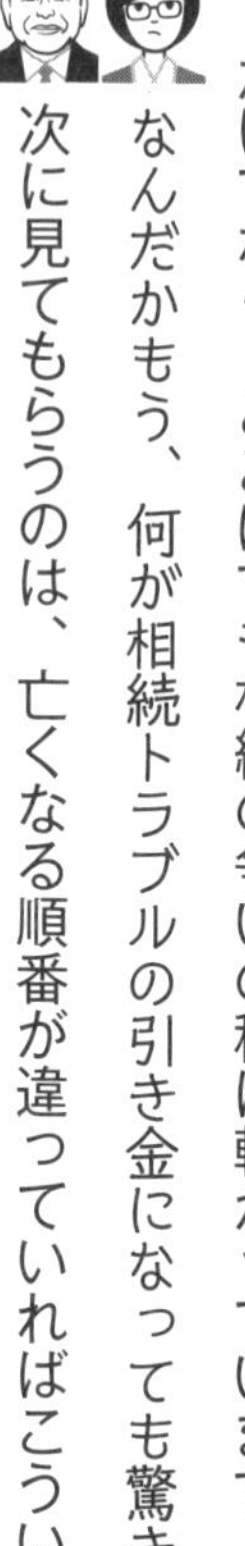

次に見てもらうのは、亡くなる順番が違っていればこういうトラブルにはならなかっただろうなという事例です。

事例⑩　母親の嫁姑戦争が相続問題に発展

相談者は30代男性。妻子、60代両親、80代祖父母と同居。

祖父が亡くなり、その後、祖母よりも先に、不慮の事故で父親が亡くなる。

父親がいなくなったことで、母親と祖母の不仲がひどくなり、母親が祖母の食事の用意をしない・無視をするなどにまでエスカレート。

それを知った叔父（父親の弟）が激怒。

叔父と母親で何度か話をするも特に改善は見られず、結局は叔父夫婦が食事を運ぶなどの対策を取る。

しかし嫁姑の仲は悪化の一途を辿り、最終的に母親と相談者家族で家を出る。

年齢とともに病気がちな上に一人になった祖母のため、叔父夫婦が、介護サービスなども使いながら面倒を見ることに。

祖母が亡くなった後、実家含む財産について叔父と相談者（＋母親）で遺産分割協議をするも、以前は「自分は何も相続しない」と話していた叔父が祖母の一件で気持ちが変わったことでトラブルに発展。

これもまた複雑ですね。嫁姑の不仲が巡り巡って相続トラブルに行き着いてしまったという。この嫁姑問題のお二人は、お父さんがご存命の時から不

仲だったんでしょうか？

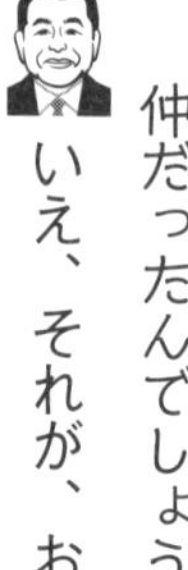

いえ、それが、お父さんがお二人の間の防波堤になっていたようで、そこまで酷くはなかったようです。

叔父さんも、こうした状況になる以前は「財産に関しては母親と同居して面倒を見てくれている兄に全て譲る」ということで不満はなかったと聞いています。この事例は、お祖母さんよりも先にお父さんが亡くなったことで引き起こされた状況ともいえるんです。

家族だからこそ解消できないわだかまり

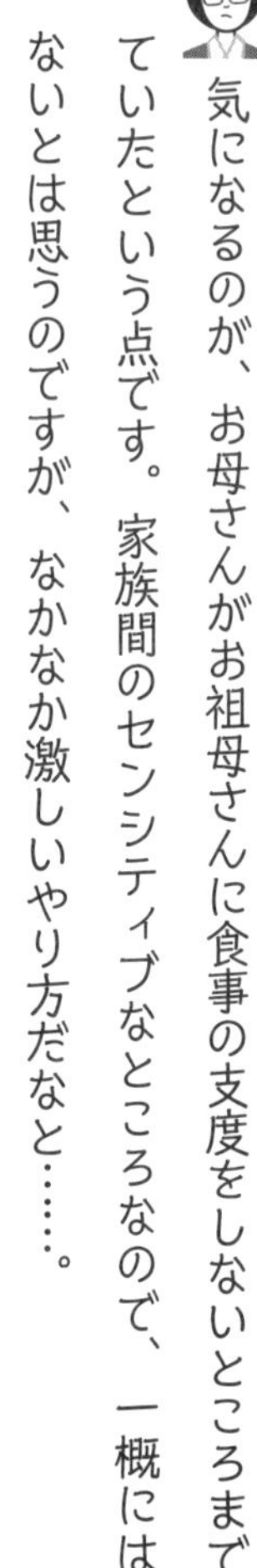

気になるのが、お母さんがお祖母さんに食事の支度をしないところまで行っていたという点です。家族間のセンシティブなところなので、一概にはいえないとは思うのですが、なかなか激しいやり方だなと……。

ここまでこじれた嫁姑問題に対して相談者さんはどういうスタンスだったのでしょうか？

これに関しては、やはりお母さんの味方でいてあげたいという想いが強かっ

たようです。お祖母さんのお母さんに対する態度も、聞こえるように悪口をいう、これ見よがしに食事を残すなど、目に余るものがあったとはお話されていました。

うーん、人間関係のすれ違いって、どちらか片方だけが悪いということではないですもんね。

どこまで行っても気持ちの問題ですからね。

特に、家族というのは付き合いが昨日今日のものではないですから、こじれるとなかなか第三者がどうこうできるものでもありません。今更そこについて考えてもどうしようもないですしね。

お祖母さんが一人になった後は叔父さん夫婦が面倒を見られていたということですが、ご自宅に引き取ったわけではないんですか？

このお祖母さんは、ご実家に愛着が強かったこと、認知症にもなっておらず一人でもなんとか生活はできる状態だったため、ご本人の意思を尊重して引き取ることはしなかったようです。ですので、行政の介護サービスを併用しながら面倒を見るという形だったと聞いています。

そして、このご実家に関しても、お祖母さんがご存命の時から叔父さんと相談者さんの間でトラブルがあったんです。

え、どういうことですか？

実家に住み続けたい祖母VS.改築したい相談者

ご実家は築50年以上の古い物件で、部分的なリフォームは何度かしているものの住みにくい部分も多いため、相談者さんとそのお母さまは、以前から解体して建て直すことを希望されていたんですね。

でも、家はお祖父さんから相続したお祖母さんの名義なわけです。お祖母さんの承諾なしに勝手にどうこうするわけにはいきません。

お祖母さんは建て替えに反対だったんですか。

反対というよりは、待ってほしいというご希望だったようです。改築となると仮住まいをする必要が出てきますよね。

病気がちなため、それが負担とのことで「自分が死ぬまでは待ってくれ」とおっしゃっていたそうです。「お父さん（夫）が建てた家だから解体されるのは忍びない」と。

それは確かに、80代女性にとって、心身ともに大変だろうなという想像はできますね。長年ご家族で暮らした家であれば愛着があるのも当然ですし。

はい。同じように、叔父さんも「母の頼みを聞いてやってくれ、もうちょっと待ってやってくれ」というスタンスだったそうです。

それで相談者さんも数年は我慢したようなのですが、母と祖母の仲も酷くなる一方なこともあり、しびれを切らして出て行ったという流れです。

そこで叔父さんの怒りがまた増幅したわけですね。

恐らくそうだと思います。病気がちな80代の母親を一人残して出ていかれては、怒りも理解できなくはないですが。

そうですね。自分の年老いた母親が食事ももらえず、挙げ句に一人ぼっちにされたとあっては平常心ではいられませんね……。

ですが、相談者さんのほうにしても、小学校に上がるお子さんのために部屋を作ってやりたいという気持ちがあり、建て替えを急ぎたかったと。

うーん、お母さんとお祖母さんが不仲でなければ、そして相談者さんがお

祖母さんのことを好きであれば、それでも待てたのかもしれませんよね。

そうですね。どこまで行っても、結局は気持ちの問題に行き着きます。

そして相談者さん、お母さん、叔父さん、お祖母さん全員にわだかまりがある中でお祖母さんが亡くなり、相続が開始してしまったわけですね。

はい、その通りです。

揉めているということは、当然遺言書もない？

一転、叔父が相続を主張

相続するものの内容はどういうものだったんですか？

銀行預金と実家です。

先程もお話しましたが、叔父さんは、元々、財産はすべてお兄さんへ、ということで納得されていた。

ですので、お父さんがご存命で嫁姑問題もなければ、すべてお父さんが相続されて平穏に終わっていたわけです。

それがそうは行かなかったから、相談者さんは30代で相続問題に巻き込ま

れることになってしまったんですね。

はい。あくまでも「法定相続分で分けましょう」となっていたはずが、これまでの自分の母親への対応に対しての怒り、それによって結局、叔父さんが奥さんとともにお母さんの面倒を見る流れになったため、「自分も相続する権利がある！」と心変わりしてしまったわけです。

それはそれで充分に理解できますね。

それでもなんとか、相談者さんへ3分の2、叔父さんへ3分の1という形で決着はつき、遺産分割協議書は作成されました。

今は、空き家になっているご実家の売却の手続きを進めています。

その後の関係性はどうなんですか？

相続の分配は決まっても、残念ながら関係性の修復は難しいですね。

絶縁？　それに伴う墓の問題

とりあえず、相談者さんのお悩みは解決された形なんでしょうか？

今後の心配事としては、あとはお墓の問題が残されています。

お墓はお祖母さんの名義だったんですか？

そうです。お墓は不動産のように共有名義にするということはできないので、どなたか一人が引き継ぐことになります。

そうなんですね。それを誰にするかで揉めているんですか？

今回の一件で、叔父さんのほうから、相談者さんの家族は「もう絶縁だ」というような話まで出たようで、そうすると、相談者さんのご家族はお墓をまた別にするという話になるわけです。

相談者さんも売り言葉に買い言葉で「それでも良いです」とおっしゃっているのですが、果たして本当にそれで良いのか。

これもまた、お子さんまで引き継いでしまう問題ですよね。

まさにその通りです、それを私も相談者さんにはお伝えしました。相談者さんの代で片をつけないと行く行くはお子さんが困ることにもなりかねません。

歩み寄りと終活の必要性

この事例は、やはりお祖母さんが現状のゴタゴタを鑑みて、きちんとプロを入れて遺言書を残しておけば良かったのでしょうか。

そうですね。それぞれの関係性が複雑なので難しいところではありますが、そうしておけば、できるだけそれぞれの想いが伝わるような相続の形にはできたのではないかなと思いますね。結局これも、相続開始後の相談だったので、遺産分割協議書をどうにか作成することで精一杯というところではあります。

こういう事例を見ると、終活の一環として、遺言書の作成はマストだなと思いますね。

POINT!

・亡くなる順番でトラブルが起きる可能性もある
・現状を把握し、遺言書を作成しておく

どうする？　空き家の相続

売却？　解体？　それとも放置？

次は空き家の相続ですね。

空き家の問題は、たまにニュースなんかでも取り上げられているのを見かけます。

空き家は放置することのデメリットも大きいですし、相続した場合はどう対処するにせよ、きちんと自分の手で片付けるという強い意思が必要ですね。

事例⑪　解体費用とアスベスト

東北地方の田舎、空き家になっている実家。
築45年、床面積50坪。
最近母親が亡くなり相続が発生。

建物の劣化も進んでおり、居住するには大規模なリフォームが必要といわれ、資金の問題から解体を検討。

それに際し、建物の事前調査したところ、アスベストが含有されていることが判明した。

空き家になっていた実家の事例ですね。志田さんならどう対応されますか？

何はともあれ、まずは物件の今後の活用方法を調べないといけませんね。主に次の3点を調査します。

①売却しやすい場所であるか
②現状のままの建物でも売却が可能か
③リフォームすれば居住や売却が可能か

①についてですが、例えばうちの本社がある山形県寒河江市内も、実際に売れる場所と売れにくい（売れない）場所はあります。これは地方に限らず、日本全国どこでもあると思います。

売却を考えているなら、コスト面からも手間としても①と②を兼ね備えて

いることが理想ですよね。

そうですね。そうした条件の空き家を相続したのであれば非常にラッキーですが、なかなかそうはいかないのが大半ではないかと思います。

もし売却や活用ができない場合はどうなりますか？

当然、そのまま建物が残る形になります。建物が残るというのは、場合によっては管理責任を負う必要が出てきます。修繕や掃除、草刈りなど、意外と手間ですよ。

人が住んでいない家のほうが傷むのが早いと聞いたことがあります。

はい、それは事実です。空き家となると劣化が早く、台風などで屋根のトタンが飛ぶ、落下するなどで隣地の家や人を傷付ける可能性もあります。

そうなると損害賠償問題にもなりかねませんよね……。

そうです。他にもゴミの不法投棄や放火など、心配事は尽きません。空き家を放置しておくのはとてもリスキーなんですよ！

うーん、そうすると、やっぱりこの事例のように、解体するのが手っ取り早いですよね？

それもそうスムーズに行かない場合もあるので要注意です。

アスベスト物件の解体とその費用

昨今、建物を解体の際は必ず※1アスベスト（石綿）の事前調査を行わなければならないことをご存知ですか？

え、全く知らなかったです……。そもそも、そんなに使われているものなんですか？

平成8年以降に建てられたものならほとんど入っていないようですが、いずれにせよ調査の義務は変わりません。

ということは、もしかしなくても調査費用がかかりますよね？

はい、そうです。解体費用にプラスして調査費用が必要ということです。しかも、アスベストが使われていると、解体費用がそうでないものよりもかなり高くつくんですよ。

ええ、そうなんですか!?

実際に、弊社で購入した昭和52年に建てられた建物にアスベストが使用され

※1
アスベスト（石綿）は、繊維の一種。丈夫で、耐火性、断熱性、防音性などに優れているため、かつて建築資材として重用されていたが、健康被害が報告されたため現在は使用が禁止されている。令和4年4月1日から、建築物等の解体・改修工事を行う施工業者は、大気汚染防止法に基づき、アスベスト含有建材の有無の事前調査結果を都道府県等に報告することが義務づけられた。

ていたんです。解体業者さんに見積もりをお願いすると、通常の倍の費用、約500万円といわれました。

通常の倍ですか⁉

はい。見積もりなので、実際は必ず2倍であるということはないかもしれませんし、業者さんによっても違いはあります。なので「必ず倍かかる」と断言はできませんが、アスベストが使用されている物件の解体がそうでないものより高くつくことはほぼ間違いないでしょう。

そういうことを知っていると、空き家の処分として、軽々しく「解体すればいいか」とはいえませんね……。

空き家の相続対策としては何ができるのでしょうか？

まずは、いくらくらいで売却できるのか不動産会社に査定をしてもらいましょう。その金額で解体費用がペイできそうであれば解体するとか、もしそれではペイしなくても、相続したお金で賄うという選択もあるでしょうし、「とにかく赤字でもいいから負の遺産を引き継がないように解体する」という考え方もありますよね。

自分がどうしたいのか、何を優先するのかですね！

そうです。事前に分かっていれば財産放棄の選択肢ももちろんあります。

リスクを分かっておくことが大切ですね。

それは必須です。もしかすると、査定の段階でさまざまな業者から「高く売れますよ」「解体してアパートを建てると節税になります」などといわれるかもしれませんが、それを簡単に信用するのも考えものです。

そうですね。ここまで志田さんのお話を聞いていて本当にそう思います。

相談する相手によって、未来は大きく変わります。不安があればいくつもの業者さんを当たってみることを強くオススメします！

POINT!

・空き家の相続はできるだけ事前に査定や調査をしておく
・建物にアスベストが使われていれば解体費用が高額になる

問題アリの土地を相続してしまった！

残すべき不動産、処分すべき不動産

さて、次は人間関係ではなく、相続した土地自体に問題がある事例についてお話したいと思います。

不動産を相続する場合、決してそれが良い土地や建物だけとは限らないんです。それをどうするかというのはなかなか頭の痛い問題です。

土地自体にも良し悪しはあるんですね。

はい。この場合の良し悪しというのは、つまり資産価値があるかどうかです。

知識がない人間がそこを判断するのはハードルが高そうですね……。

そうです。それゆえ相続の前には分からない場合もあるので、なかなかこれもややこしい問題ですね。

事例⑫　敷地が1・5メートルしか接道していない物件

相談者は60代男性。

叔父が余命宣告を受け、子供がいないため相談者が相続人となり、家を含めた全財産を相続。

しかし、相続した叔父の家を調べてみると、敷地が1．5メートルしか接道しておらず、現在の基準では家を建てることができない物件だった。

まず、大前提としてご理解いただきたいのが、※1接道義務です。ざっくり説明しますと、建物を建てる際、敷地が面している公道に2メートル以上接していなければならないという建築基準法で定められたルールです。

これは1950年に定められた基準で、それ以前に建てられた建物の中にはこれを満たしていないものもあるんです。おそらくこれもそういった物件だったと思います。現在の基準では、都市計画区域内では接道義務を満たしていない土地にすでに建物がある場合、増築や再建築は禁止されています。

※1　「建築物の敷地は、幅員4メートル以上の建築基準法上の道路に2メートル以上接しなければならない（建築基準法第43条）」とする義務のこと。

つまり、この土地を誰かに売ろうとしても、今の家を解体して新しく家を建てることはできない……資産価値があまりないということですか？

その通りです。しかも、そんなに道が狭いと車がまず通れません。これは車社会の地方ではかなりのデメリットです。

そういう不動産を持っていても全然嬉しくないですね……。これはどうやって解決したんですか？　値段をめちゃめちゃ下げて売却先を探したとか……？

順を追って話しますと、まずは物件の全体像を把握しなければなりません。そこで、敷地の調査、建物調査、そして道路の幅が足りていなくても解体ができるかどうかを解体業者さんに打診しました。すると、「解体は可能、ただし費用は大幅に増額されます」との返事でした。

正直、資産価値の低い土地に高い解体費用は出したくないですよね。

そうです。この相談者さんもやはりそう感じられていました。

それで、どうしたんですか？

欲しいという方を探して贈与することにしたんです。

出た！　事例⑤でもそうでしたよね。

その土地に隣接している方、要はご近所さんを1軒1軒訪問して「活用してほしい」とお願いをしました。

すごく地道な努力をされているんですね……。

お陰様で、無償ではありますが、無事に引き受けていただく方を見つけることができました。

でも、無償なんですか？　住める家が建っているなら、たとえ安くても売却しないともったいないんじゃないかな、と思ってしまいました。

売却も不可能ではなかったと思いますが、ただ、今回の相談者さんもまた、この物件で儲けたいとかそういったことは望んでおられなかったんです。それよりも、「早く手放してスッキリしたい」とのことでした。

相談者さんの最終目的は何か、ということですね。

はい。ですので、引き取って下さる方が見つかった時、相談者さんは肩の荷が下りたようで「ホッとしました」とおっしゃっていました。

資産価値の低い家や土地をそのまま放置して、自分の子供たちにそのまま引き継ぐようなことはしたくなかったんですね。

利益にこだわって売却するのではなく、思い切って贈与することで目的までの最短距離を取った形ですね。

はい。このように、相続した物件の性質によっては、思い切って無償で手放すことも選択肢に入れていただきたいなと思います。

手放す勇気、必要ですね。

ただ、場合によってはその土地や家屋に愛着があるという場合も充分に考えられます。そこが難しいところです。

確かに、思い出が詰まっている家だったりすると、持っていても仕方ないと分かりつつもなかなか手放し難いということはありますよね。

はい。愛着があって、簡単に相続放棄、贈与などしたくないという気持ちが強い場合は、やはりその「想い」を大事にしながら、その不動産を今後どう管理していくのかを考えていくべきですね。損だから、得だからという観点だけで無理に手放す必要はないと思います。

他に、何か資産価値が下がる理由として考えられるものってありますか。

例えば近隣とトラブルがある、境界が不明な土地があるなどいろいろ考えられますね。相続する予定で、何か不安な物件があれば事前に不動産会社に相談してみることをお勧めします。

不安な時に頼るのはやはりプロですね。

はい、ぜひ我々を頼って下さい！　ただ、我々不動産業の者でもなかなか解決が難しい土地というのはあります。次の事例を見て下さい。

事例⑬　山林&田畑を相続したけどどうしたらいい？

相談者は40代男性。
地元から離れて30年が経過。
父親が亡くなり、相続開始。
相続した資産の中には山や田畑があるが、どうしたら良いか分からない。

山林の価値

山林や田畑を相続してどうするのかというのは大変悩ましい問題です。売却

も難しいですし、維持・管理にも費用がかかります。

山林は資産としてはどう考えたら良いでしょうか。

山林は、土地を売却するというよりも、その土地の上に生えている樹木の年数が重要になります。

樹木の年数？？

はい。山林は林業、つまり材木を売るための資産として先祖代々受け継がれていることが多いんですね。そして、「植林してから60年以上経ってないと売れない」ともいわれています。

そうなんですね！ それは初耳です。なかなか時間がかかるものなんですね。

そうです。ですので、山林の場合は、土地そのものの価値というより、その山の樹木が、材木として売り物になるのかどうかがポイントです。

それって不動産屋さんでも判断が難しいのでは？

そうなんです、私たちは樹木のプロなわけではないですからね。山林に関しては、まず地元の森林組合さんなどに相談してもらうのが良いと思います。

田畑の相続

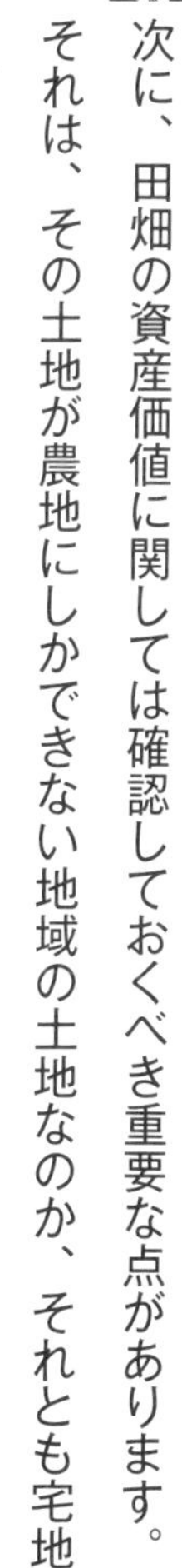

次に、田畑の資産価値に関しては確認しておくべき重要な点があります。

それは、その土地が農地にしかできない地域の土地なのか、それとも宅地などに変更できる地域なのか、ということです。

もし農地にしかできない場合はどうなるんですか？

その場合、購入者は農業従事者に限られるので非常に売却が厳しくなります。

もし、現在誰かに貸していたとしても、年々従事者も高齢となり、将来的には難しい問題が残ります。農地から宅地などへ※1地目変更が可能な農地であれば、農地法の問題はありますが売却は可能です。ぜひ地元の不動産会社さんへ相談して下さい。

POINT!

・問題を抱えた不動産の場合、時には無償で手放す勇気も必要
・山林や田畑の相続問題は解決が困難なことが多い

※1　農地から宅地など、土地の用途による登記上の分類を変更すること。管轄の法務局に地目変更申請書を届け出る。

遺言書に欠かせないもの——付言事項の重要性

前妻・前夫との間の子供がいることで起こるトラブル

ここで、遺言書の重要性が分かる事例を2つ見ていただきたいと思います。これから遺言書を作成される方と、遺言書は用意されていたにもかかわらず、相続トラブルになってしまった事例です。

はい、ちょっと見るのが怖いです……。

事例⑭　会えない息子への相続

相談者は会社経営者の女性、68歳。

離婚歴があり、前夫との間に現在44歳の長男がいるが、30年前の離婚とともに泣く泣く別居となり、その後音信不通。

2度めの結婚で長女が生まれるも、産後間もなく夫とは死別、シングルマザーとなり今に至る。長女は現在28歳、親子仲は良好。
相談者が5年前に探偵を雇い長男の身辺調査をしたところ、大学卒業後、フリーターとして働いているということが判明。
相談者は、長男にはすでに亡くなっている前夫から相続した財産があるという点、そして「彼にこれ以上財産を渡しても堕落させるだけではないか?」という心配から、不動産をはじめとする財産はすべて娘に相続させたいと考えている。
遺言書は未作成。

まずこの事例⑭は、私が最近相談を受けた方です。

この場合、ネックになるのはやはり前夫との間のご長男ですか?

その通りです。前妻・前夫の間に子供がいる方、婚外子がいる方はどうしても相続が複雑になります。

遺言書がなく、遺産分割協議が進まないと、まずお母さんの銀行口座から預金を下ろすということも、娘さん一人の意思ではできなくなるんですよね。

そうです。どれだけ疎遠でも、長い期間会っていなくても、息子である以上相続人になるので、彼の意思を無視することはできません。

たとえば今、突然この相談者さんが亡くなった場合、相続の面ではどういうトラブルが考えられるんでしょう？

遺言書がないので、相続のためには娘さんが遺産分割協議書を作成することになります。作成できたら、今度は息子さんに判子を押してもらわないといけませんよね。

　母である相談者さんの銀行口座からお金を下ろす場合もそうですが、とにかく息子さんに連絡を取り了承してもらわないことには始まりません。

つまり、娘さんが生まれてこの方会ったこともないお兄さんを探して、書類に判子をもらわないといけないということですね？

そうです。相続手続きの際には被相続者（相談者さん）の戸籍謄本を取得するので、そういったものを調べて、お兄さんの居場所を探すところから始めなければいけない可能性もあります。

　居場所を突き止めたら、そこから電話や手紙で息子さんに連絡を取り、状況の説明をし、遺産分割協議書に判子を押してもらうのです。

今まで会ったことがない異父兄に突然相続についてアプローチするなんて、心理的にも大変ですよね……。

弁護士さんなどに頼むことももちろんできますが、それはそれでお金も時間もかかりますね。

そもそも、会ったこともない兄に、分割協議書の内容を承諾してもらえるかどうかも不明です。

遺言書の内容に関わらず、法定相続人なら相続できる

遺言書に、娘さんに財産を相続させる旨を書いてもらいさえすればそういった心配はなくなりますか？

はい、娘さんが息子さんを探して交渉するという手間は必要なくなりますね。

ただ、どれだけ遺言書に娘さんに財産を全部渡す旨を書いたとしても、息子さんには財産を相続する権利があるんです。

えーっと……『遺留分侵害額請求』でしたっけ？

正解です！　法定相続人は、遺言書の内容にかかわらず、法定相続分の半分を請求できるんです。

そうか、確かそれを阻止することはできないんですよね。

はい。ですので、息子さんから遺留分侵害額請求されるかもしれないという前提で相続の準備をしておいたほうがいいですね。

ということは、息子さんには何も相続させない旨を遺言書にきっちり書きつつ、遺留分侵害額請求の対応も準備しておけば満点ってことですね！

実はそれでもまだ大事なものが足りていないのです。ちょっと次の事例も見ていただけますか？

事例⑮　遺言書はあるのにトラブルに……

両親・長女・次女の家族構成。
20年前に父が亡くなり、昨年母が亡くなる。
母は、公正証書遺言を残していた。
しかし、その内容が理由で相続人である姉妹間でトラブルが勃発。最終的には弁護士が入り、次女が遺留分侵害額請求をした。

遺言書の書式と裁判

これは、ご次女が遺言書の内容に納得できず、最終的に遺留分侵害額請求をした事例です。

でも、公正証書遺言ですよね。それなのにトラブルになったんですか!?

はい。そういう場合もあるんです。

ええ、なんでしょうか……。

どういう理由が考えられると思いますか?

……えーと、相続内容に納得行かないっていうことは、自分のほうが明らかに少なすぎるとか……?

そうなんです。ご長女が相続するとされている土地・家・預金は合わせて4000万円程度になりました。

一方、ご次女に相続させるというゴルフ会員権は、およそ200万円程度だったんです。

ええっ、明らかに不公平ですね。次女とお母さんは不仲だったとか何かトラブルがあったとか?

それが、特にそういうわけでもなかったようです。普通に連絡も取り合い、親子関係は悪くなかったと聞いています。

ええ、それなのになんで……。

それが誰にも分からないんですよ。

当然、ご次女は納得できず「こんなものは認められない」と主張しました。お母さんは認知症だったこともあり、「お姉さんが私に隠れて、お母さんを騙して書かせたんじゃないか?」ということまで疑うようになってしまったんですよ。

うわぁ……。それは疑うほうも疑われるほうもつらいですね。そんなことがあったら、もう今後姉妹の仲は修復できなさそうです。

はい。なかなか修復は難しいでしょうね。

せっかく、お母さんの意思をしたためた遺言書があったのにそんな泥沼のト

ラブルに陥ってしまったんです。

むしろ、遺言書があったからこそ起きてしまった悲劇ですね。

せっかくお金を出してまで公証人に作ってもらっているのに、駄目じゃないですか。

公証人は、こういった相続内容のアンバランスな点なんかはチェックしてくれないんですか？　どう見ても揉めそうな内容なのに……。

公証人が遺言書についてチェックするのはあくまで書式であって、財産の分配などには口を出しませんから。

そうか、法的に有効な書き方をしているかどうかのチェックをするのみ、ってことですね。

はい。具体的な内容は、親子や兄弟などの関係性や、遺言書の内容に至った背景にあるものまで分かるわけではないので、チェックしようがないともいえますね。

相続のプロがそうしたことをすべてヒアリングしてから遺言書を作っていれば、このような状態は避けられたと思います。

母の死後に姉妹で揉めるなんて悲しいですね。
お母さんのお気持ちがご家族に分かっていればそんなふうにはならなかったのかなと思いますが……。

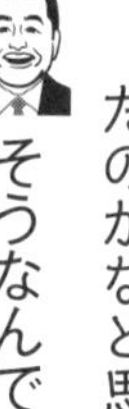
そうなんです！　大切なのはそこです。

不平等にも理由がある？

ここで少し、お母さんの中にはこうした配分のバランスが悪い相続にしたかった理由が何かあったのではないか、という点を考えてみたいと思います。

例えば「次女には長女よりも特別にお金をかけてきた」という事実があるということも考えられるわけです。

ご次女が家を建てる際に援助してあげたとか、「お店を出したい」といわれて資金を援助してあげたとか、ご長女には大学進学を我慢させたのに、次女には特別に海外留学させたとかですね。

ああ、生前に長女よりも多くお金を使ってあげたから、ということですね。
そうです、人生にはいろいろなことが起こりますから。

お母さんの中に何かここまでさせてしまうような。ご長女への引け目を感じる出来事があったのかもしれないですよね。

確かに、そういう事情があれば納得できそう！

そうなんですよ。理由が分からず、これを書いた本人に確認することも不可能なのでトラブルになっているんですね。

では、ここで、事例⑭に戻って考えてみましょう。事例⑭の、この経営者女性にも同じことがいえるのです。

彼女はこれから遺言書を作成する予定ですが、単に「誰に何を相続させる」ということだけを書くと、事例⑮と同じようなトラブルになる可能性があるというのはお分かりでしょうか。

前夫との間の息子さんが、財産を相続できないことに納得せず、娘さんと揉める可能性ですね！

そうです。自分の死後、そんなことで娘と息子がトラブルになることを望む親はいませんよね。

どうすればいいのでしょう？

ここで大事なのが、付言事項です。

これこそが、息子さん・娘さんのどちらの心理的負担も少なくし、そして何より御本人が安心して最期の時を迎えるために必要なものです。

付言事項って、「超基本のキ」で習ったものですよね。確か、自分自身の想いを書き残しておくための……。

はい、それですね。この事例⑭の方の場合、財産はすべて娘さんに渡したい、息子さんには渡したくないという意思があります。

しかし、それは何も息子さんが憎いから、意地悪をしたいからというわけではありません。

確かに。事例を読むと、息子さんは既にそれなりの財産を前夫から相続しているからとか、堕落させたくないから、とありますね。

はい。ですが、それを書かないと息子さんには何も伝わりませんよね。

母の想いが分からないまま、「お母さんは僕には財産を相続させてくれなかった」という事実だけが残ってしまいます。長く会っていない息子さんであればなおさら、言葉を尽くしてその想いは書く必要があるのです。

なるほど……。

更にお話をうかがうと、このTさんは、息子さんが40歳を過ぎてフリーターという点も心配されていました。

「ママの息子なんだから、相続なんて当てにしなくてももっと頑張れるはず！」と発破をかけたいというお気持ちもあるとおっしゃっていて。

そういう気持ちも付言事項に書いていいんですか？

はい、もちろんです。私は、相談者さんにも想いの丈を書いてくださいとアドバイスしました。

付言事項は、人生の最期に、大切な人へ自分の本心を伝える手紙のような役目を果たしてくれるものでもあるのです。

はい、私も両親にしっかり書いてもらうようにしますね！

POINT!

遺言書の付言事項にしっかりと「想い」を書き添えることで、無用なトラブルを避けられる

エピローグ

さて、これで私からのレクチャーは一旦おしまいになります。

ありがとうございました！　とっても濃密で、両親のこと、兄弟のこと、自分の生き方まで考えさせられました。

今回ご紹介した不動産の相続に関する基本知識や事例は、ほんの一部分に過ぎません。いざご自分の相続と向き合うと、もっと複雑で考えなければならない要素が出てくる可能性が大きいです。

私なりに、後悔しない不動産相続のために必要な準備をまとめてみました！

・想いを明確にする……被相続人（例えば親御さん）の相続に対する想い＋自分の想いがどういったものかをクリアにしておく

・遺言書（＋付言事項）……「誰に、何を、なぜ、このような形で遺すのか／どういう想いがあるのか」を誰にでも分かる形で記しておく

・相続の内容を確認する……負債も含め、どういう財産がどこにあるのか、法定相続人は誰になるのか把握しておく

・不動産の持つ可能性を探る……解体、売却、相続放棄などさまざまな可能性を探り、必要ならば査定、見積もりなどの依頼をしておく

・信頼できる専門家を探す……お金のことだけでなく、複合的に相続を考えてくれる専門家に相談する

はい、素晴らしいです！　ただし、相続は１００人いれば１００通りです。環境やその他の要因で、必ずしもすぐにここで挙げた要素の全てが準備できるわけではないでしょう。できることから少しずつでも構いません。

　そして、①相続トラブルは他人事ではない②特に不動産は分けにくくトラブルの種になりやすい③目先のお金にばかり気を取られず広い視野で考えること。被相続人となる方も、相続人となる方も、この3点を頭の片隅に入れていただくだけでも随分と変わってくると思います。

そうですよね。私も後悔しない相続に向けて、両親とも弟とも話をして少しずつ準備を進めます。また近いうちに志田さんに相談させてもらいますね！

はい、いつでもお気軽にいらして下さい！

おわりに――運命の出会い

仕事への想いを変えた出会い

私は現在54歳、さまざまな失敗を繰り返しながら、不動産業と住宅資材の木材を販売する会社を経営しております。

ここでは、不動産業と相続事業を経営するに至ったお話をさせていただきたいと想います。

2001年7月。

現在もお付き合いをさせていただいている住宅会社を経営している先輩経営者から「いい研修があるから行ってみないか」のお誘いを受けました。

7万5千円という、当時の私にとってはちょっと高めな価格設定、それも今まで学校の勉強も経営の勉強もしていない32歳の青年にとってはハードルの高い研修でした。

当時の私は、恥ずかしながら仕事を仕事とも思っていない、今振り返ってみれば経営を舐めているとしか思えない人間でした。

休みとなれば朝からビールを飲んで寝て、本を読んでの繰り返し……。

もちろんお客様から電話が来ても対応もできません。いえ、それどころか『お客様満足』なんていう概念すら持ち合わせていなかったグウタラ青年でした。

そして、その研修とは、中小企業に特化して社員教育を行っている株式会社日本創造教育研修所（以下、日創研）が企画したものでした。

仕事を舐めている人間にとって、これは衝撃的な研修でした。

そしてその会社の代表である田舞徳太郎氏との出会いこそが、私が相続事業へ行きつくきっかけになったといっても過言ではありません。

日創研は経営者に向けた研修を企画運営しており、私も現在まで数多くの研修を受講しました。８ヶ月間の厳しい研修では、戦略を立てること、経営者としてあるべき姿を学ぶための論語の勉強など多岐にわたります。

田舞代表からは、どんな苦難に遭っても必ず道はあること、そして『気づき』で人生は変わるということを教えていただきました。

また「無知は人生に壁を作る」という言葉は常に頭から離れず、今も経営者として大切な人間力や感謝力などを実践の論語を通して学ばせていただいております。

論語の中に「士は以て弘毅(こうき)ならざるべからず。任重くして道遠し。仁(じん)以て己が任と為す、また重からずや」の一文があります。

不動産業と相続事業を通して世の中のお役に立てるようになるには、まだまだ道なかばですが今後も命ある限り邁進していきたいと思います。

弊社は、この日創研、田舞代表と出会わなければ今の立ち位置はなかったでしょう。

創業時の木材業から不動産業への変遷、そして相続事業へ、これは本業の深堀りから始まったことです。

今の主力事業となっている不動産業も今後の相続事業のどちらも、人間力、感謝力なくして決して成功しないでしょう。

そして決して一人では経営できません。

田舞代表には、働く仲間の大切さにも気づかせていただきました。

日創研との出会いによって『経営研究会』なる組織に入会したことで、一生ものの大切なかけがえのない仲間、同志に出会うこともできました。

日創研、そして田舞代表には心から感謝を申し上げます。

相続事業との出会い

そしてもう一人、私の人生を変えてくれたのは「はじめに」でも少し触れましたが、相続事業の全国組織である『繋ぐ相続サロン』の代表である松本恵さんです。

私と松本さんとの出会いは令和４年8月、以前一緒に相続セミナーを受けた女性から声をかけていただき、オンラインで面談をしたことでした。

この時、松本さんの話を聞き、天啓を受けた私は、この方が運営している『繋ぐ相続サロン』にお世話になろう！　と即決したのでした。

『繋ぐ相続サロン』は、「どこに相談したらいいのかわからない」「うまく言葉にして相談できるかわからない」「今、相談した方がいいのか?」等、さまざまな理由で相続対策が先延ばしになっているご相談者様にとって「相続相談の専門家」

の立場として、気軽に相談できる存在であろうとしています。

私もまた、その想いに共感した次第です。

私は平成29年より相続事業に取り組んでいましたが、松本さんに出会ったのは、どうしても相続で困っている方へ満足のいく提案ができないと悩んでいた時でした。

それは、相続トラブルに対して、一般的な節税のことや、遺言書の作成は困ったら弁護士に相談、などありきたりなアドバイスしか提案できなかったからです。

しかし、松本さんは基本的に最初の面談で財産について尋ねることはしません。

モノではなくその方の心にフォーカスするのです。

松本さんも今まで金融業界を長く経験してきた方ですが、相続に関しては、保険を売ったり不動産を売ったり、決してモノで解決を図ろうとしないのです。もちろん、必要な場合は適宜専門家を交えて行いますが……。

そうした彼女の哲学を受け、私も松本さんのような「相続相談の専門家」としてこれから尽力していこうと考えたのです。

相続問題は多岐にわたるもので、一人では決して解決できません。

私たちはあくまでも法律家とチームを組んで解決するという立ち位置です。保険の営業の方、金融関係、もちろん弁護士、税理士、司法書士の先生は必ず必要になります。

私が相続事業に取り組む上で、そうした面で最大の資源となっているのが、松本さんと『繋ぐ相続サロン』に加盟している方々です。ここには、前述のように相続に携わる士業をはじめさまざまな職業の方々がいらっしゃいます。

今の私は、相続相談で悩んだ時は、以前と違ってそうした皆さんからのアドバイスを受け、問題解決を図っていくことができるのです。

これからも皆で切磋琢磨し、日本全国の相続問題で悩んでいる人を、全国津々浦々の、同じ志のもとにある仲間と一緒に解決していきたいと思います。

出版までの道のり

そしてこの本もまた、あまたの出会いの末に出来上がりました。

令和5年3月のある時、突然ある方から連絡が入ったのです。

それは、現在の弊社の建物を建築する際にさまざまな観点でご指導いただいた、風水心理カウンセリング協会の代表理事、そして出版プロデューサーでもある谷口令先生からでした。

その内容はというと、「志田さん、本、出さない?」という、私には思いもよらないもの。

しかしその時思い出したのが、今は故人となりましたが、私にとって経営の師匠にあたるK会長の言葉です。

「志田さん、50歳になったら本を出しなさい、本を出すような人生を送りなさい」。

私は、決して褒められるような人生は送っておりませんが、正にK会長の遺言のお言葉が今、現実となり実行できるチャンスが訪れたのです。

不動産業と、今、真剣に取り組んでいる相続事業の事例をお伝えすることにより、世の中で困っている方々の不安解消の一助になればいい。

そんな想いで取り組み始めたものの、悩みました。迷いました。

でも諦めずにチャレンジしてみよう……そんな想いでなんとか最後まで書き上げました。

これからますます加速する少子高齢化、ソーシャルディスタンス的な人間関係を考えると、今の日本の未来は決して明るいとはいえません。

しかし、古来より日本人というのは、「調和を大事にし、協調性に優れた優しい人種」だったのではないでしょうか。

この悲しい現状は、人と人が交わり、いわゆる「四方山話」的なコミュニケーションが不足している結果だと感じております。

本書を通して、少しでも安心できる、笑顔になれる人生の一助になれば幸いと存じます。

そして、本書の執筆にあたってはカウンセリング協会理事長の谷口様、そしてかざひの文庫代表の磐﨑様、そしてライター・中村様には私をうまくリードして言葉を引き出していただきました。

弊社のスタッフ、今まで弊社をご利用いただきましたお客様にも、この場をお借りして改めて厚く御礼を申し上げたいと思います。

尊厳死宣言公正証書――
人生の最後に、家族のためにできること

相続事業は、人生の締めくくりに行うものです。

どう生きてきたのか、そしてどう終わらせたいのか。

家族をどう愛し、愛されてきたのか。

本書に記したように、そうした自身の人生への想いが集約されるのが遺言書と付言事項ではないかと思っています。

そしてもう一点、私がお客様にご自身と家族のために遺しておくことを勧めているのが『尊厳死宣言公正証書』です。

これは、回復見込みのない末期症状における延命治療に対する自分の意思を書き記しておくものであり、公証人役場で作成することができます。

想いは、伝えなければ伝わりません。

この宣言文があるだけで、自分自身はもちろんのこと、家族にも余計な精神的

負担をかけず、双方にとって心安らかな最期を迎えられるのではないかと思います。

自身の最期の迎え方を考えるきっかけになればと、私自身が実際に作成した尊厳死等宣言文をサンプルとして次ページに掲載させていただきましたので、よろしければそちらもご一読下さい。

末筆ながら、この本を手に取って下さった皆様に、心より感謝申し上げます。

令和5年11月吉日　秋晴れ

志田　宏

正本

平成２９年第１１９号

尊厳死宣言公正証書

本公証人は、尊厳死宣言者志田　宏の嘱託により、平成２９年７月１８日、その陳述内容が嘱託人の真意に基づくものであることを確認の上、宣言に関する陳述の趣旨を録取し、この証書を作成する。

第１条　私志田　宏は、私が将来病気に陥ったり、障害を負ったりし、それが不治であり、かつ、死期が迫っている場合に備えて、私の家族及び私の医療に携わっている方々に以下の要望を宣言します。

１　私の疾病や障害が現在の医学では不治の状態に陥り既に死期が迫っていると担当医を含む２名以上の医師により診断された場合には、死期を延ばすためだけの延命措置は一切行わないでください。

２　しかし、私の苦痛を和らげる処置は最大限に実施してください。そのために、麻薬などの副作用により死亡時期が早まったとしてもかまいません。

３　私が臓器の移植に関する法律等で定められた

公証人役場　1

基準により、死亡（脳死を含む。）と判定された場合は、私の身体から臓器等を摘出し、それを必要とする方々に移植することを承諾し、かつ、希望します。

第２条　この証書の作成に当たっては、あらかじめ私の配偶者志田裕美（昭和３９年８月１１日生）の了解を得ております。

私に前条記載の病状や障害が発生したときは、医師も家族も私の意思に従い、私が人間として尊厳を保った安らかな死を迎えることができるようご配慮ください。

第３条　私のこの宣言による要望を忠実に果たして下さる方々に深く感謝申し上げます。そして、その方々が私の要望に従ってされた行為の一切の責任は、私自身にあります。

警察、検察の関係者におかれましては、私の家族や医師が私の意思に沿った行動を執ったことにより、これらの方々に対する犯罪捜査や訴追の対象とすることのないよう特にお願いします。

第４条　この宣言は、私の精神が健全な状態にあると

公証人役場　2

きにしたものであります。従って、私の精神が健全な状態にあるときに私自身が撤回しない限り、その効力を持続するものであることを明らかにしておきます。

以上

公証人役場　3

尊厳死宣言公正証書

本公証人は、尊厳死宣言者志田 宏の嘱託により、平成29年7月18日、その陳述内容が嘱託人の真意に基づくものであることを確認の上、宣言に関する陳述の趣旨を録取し、この証書を作成する。

第1条　私志田宏は、私が将来病気に陥ったり、障害を負ったりし、それが不治であり、かつ、死期が 迫っている場合に備えて、私の家族及び私の医療に携わっている方々に以下の要望を宣言します。

1　私の疾病や障害が現在の医学では不治の状態に陥り既に死期が迫っていると担当医を含む2名以上の医師により診断された場合には、死期を延ばすためだけの延命措置は一切行わないでください。

2　しかし、私の苦痛を和らげる処置は最大限に実施してください。そのために、麻薬などの副作用により死亡時期が早まったとしてもかまいません。

3　私が臓器の移植に関する法律等で定められた基準により、死亡(脳死を含む。)と判定された場合は、私の身体から臓器等を摘出し、それを必要とする方々に移植することを承諾し、かつ、希望します。

第2条　この証書の作成に当たっては、あらかじめ私の配偶者志田裕美(昭和39年8月11日生)の了解を得ております。
私に前条記載の病状や障害が発生したときは、医師も家族も私の意思に従い、私が人間として尊厳を保った安らかな死を迎えることができるようご配慮ください。

第3条　私のこの宣言による要望を忠実に果たして下さる方々に深く感謝申し上げます。そして、その方々が私の要望に従ってされた行為の一切の責任は、私自身にあります。

警察、検察の関係者におかれましては、私の家族や医師が私の意思に沿った行動を執ったことにより、これらの方々に対する犯罪捜査や訴追の対象とすることのないよう特にお願いします。

第4条 この宣言は、私の精神が健全な状態にあるときにしたものであります。従って、私の精神が健全な状態にあるときに私自身が撤回しない限りその効力を持続するものであることを明らかにしておきます。

以上

推薦の言葉

相続問題を取り扱った解説本は数多くありますが、志田さんのこの本は、最初から最後まで小説のように一気に読み尽くせるめずらしい内容となっています。

志田さんが、たくさんの不動産取引を通じて関係した相続問題のご経験の中から、ご自分の目で、耳で、そして心で学び取ったことを、志田さんの言葉で、正直に、包み隠さず書いたものだからでしょう。

「節税よりも大切にしたいものがある」、「遺言書には付言事項で想いを伝えるべき」などのアドバイスは、相続問題の実際の現場を数多く経験してきたからこそ、しかも、人情味あふれるまなざしでそれぞれの問題を直視してきたからこそ浮かんでくるアイデアです。

地元で評判の「正直不動産屋社長」が親身になって書き上げた本です。

是非、手に取ってお読みください。

顧問弁護士　伊藤三之

志田 宏（しだ ひろし）

1969年、山形県寒河江市生まれ。

『株式会社 住まいるーむ情報館』代表取締役、相続コンサルタント。

一般社団法人繋ぐライクファミリーサポート山形支社代表。

「信用は最大の資産なり」を座右の銘に、これまで32年間にわたり賃貸物件の仲介・管理、土地・建物の売買・仲介・買取、土地の分譲などを扱う。

その中で相続問題に対する使命を感じ、相続相談の専門家集団『繋ぐ相続サロン』に加入。現在、人の『想い』を重視した幸せな相続を実現すべく、不動産業の傍ら、相続コンサルタントとしても活動中。「不動産と相続でのトラブルを無くし、日本中が笑顔になるよう社会に貢献すること」を人生の目標に掲げる。

公益社団法人山形県宅地建物取引業協会加盟。

資格：宅地建物取引士／一般社団法人相続診断協会認定上級相続診断士

不動産屋だからわかるトラブル回避術
ちょっと待った！
その不動産相続

志田 宏 著

2023年12月12日　初版発行

発行者　磐崎文彰
発行所　株式会社かざひの文庫
〒110-0002　東京都台東区上野桜木2-16-21
電話／FAX 03(6322)3231
e-mail:company@kazahinobunko.com http://www.kazahinobunko.com

発売元　太陽出版
〒113-0033　東京都文京区本郷3-43-8-101
電話 03(3814)0471　FAX 03(3814)2366
e-mail:info@taiyoshuppan.net http://www.taiyoshuppan.net

出版プロデュース　谷口 令
編集協力　中村 百
装　丁　モノグラフ
イラスト　マナティ

ISBN978-4-86723-145-6